KB217393

백창우가 쓴 아이들 노래 이야기

다 다른 노래, 다 다른 아이들

살아 있는 교육 26

다 다른 노래, 다 다른 아이들

백창우가 쓴 아이들 노래 이야기

2003년 9월 1일 1판 1쇄 펴냄
2011년 8월 15일 고침판 1쇄 펴냄
2013년 6월 4일 고침판 2쇄 펴냄

글쓴이 | 백창우

편집 | 김성재, 김소영, 김용란, 양선화, 이경희
표지 디자인 | (주)끄레어소시에이츠
사진 | 최연창(표지), 최순호(19쪽, 151쪽, 195쪽), 정대훈(29쪽)
제작 | 심준엽
영업 · 홍보 | 김가연, 김누리, 백봉현, 안명선, 윤정하, 이옥한, 조병범, 최민용
누리집 | 위희진
경영지원 | 유이분, 전범준, 한선희
인쇄·제본 | (주)상지사

펴낸이 | 윤구병
펴낸곳 | (주)도서출판 보리
출판 등록 | 1991년 8월 6일 제 9-279호
주소 | (413-120) 경기도 파주시 직지길 492
전화 | (031) 955-3535
전송 | (031) 950-9501
누리집 | www.boribook.com
전자 우편 | bori@boribook.com

잘못된 책은 바꾸어 드립니다. 책값은 뒤표지에 표시되어 있습니다.

보리는 나무 한 그루를 베어낼 가치가 있는지 생각하며 책을 만듭니다.

ISBN 978-89-8428-672-6 03370

이 도서의 국립중앙도서관 출판시도서목록(CIP)은 e-CIP 홈페이지(http://www.nl.go.kr/ecip)와 국가자료공동목록 시스템(http://www.nl.go.kr/kolisnet)에서 이용하실 수 있습니다.
(CIP제어번호: CIP2011003113)

백창우가 쓴 아이들 노래 이야기

다 다른 노래, 다 다른 아이들

백창우 씀

보리

고침판 머리말

살아있는 것들은 누구나 다 다릅니다

1

다 다릅니다. 세상에 노래가 많이 있지만 자세히 보면 다
다릅니다. 뭐 조금 비슷한 노래가 있을 수는 있지만 세상에
똑같은 노래는 없습니다.

다 다릅니다. 세상에 아이들이 많이 있지만 자세히 보면
다 다릅니다. 뭐 조금 비슷한 아이가 있을 수는 있지만 세상
에 똑같은 아이는 없습니다.

쇠★꽃이든 애기똥풀이든 쏘가리든 모래무지든, 그 무엇이
든지 살아있는 것들은 누구나 다 다릅니다.

노래가 다 똑같거나 비슷비슷해진다면 참 안타까운 일입
니다. 아이들이 다 똑같거나 비슷비슷해진다면 참 불행한
일입니다.

그 모든 게 다 똑같거나 비슷비슷해진다면 이 세상이 얼마
재미없을까요. 그런데 요즈음 세상은 아주 아슬아슬하고 조마
조마합니다. 다들 제 길은 없고 그저 한 길로만 가려고 하는
처럼 보입니다. '자판기 깡통' 같은 노래와 아이들이 자꾸
늘어갑니다. 길이 여럿 있기에 숲은 더 아름답습니다. 누구나
제 결과 빛깔을 가졌기에 나무는 더 아름답습니다.

2

····옷을 바꿔 입어 봅니다····책 제목도 《노래야, 너도 잠을 깨렴》에서 《다 다른 노래, 다 다른 아이들》로 바꾸고 글도 조금 손을 댔습니다····손으로 그린 악보를 다른 노래로 바꾼 곳도 있습니다····책 뒤에 덤으로 실은 '띄엄띄엄 쓰는 일기'도 몇 편 새로 넣었습니다····뭐 그렇다고 그리 달라진 건 없을지도 모릅니다····느림보 개처럼 몇 걸음 못 갔습니다····그때나 지금이나 사는 것도, 마음이나 생각도 그냥 거기거기입니다····도랑물처럼 늘 흐르고 싶은데 잘 안 됩니다····

아침엔 아침노래로
저녁엔 저녁노래로
그대와 만나고 싶었는데
스물한 살엔 스물한 살의 시로
스물아홉 살엔 스물아홉 살의 시로
그대 앞에 서고 싶었는데

〈아침엔 아침노래로 저녁엔 저녁노래로〉에서

···이 책에 있는 글들은 그때그때 여기저기에 쓴 것들을 모아 놓은 것입니다····《어린이 문학》《우리 교육》《한겨레 신문》《창비 어린이》《음악 교육》···· 노래로만 말해야 하는데 어찌하다 보니 그만, 이렇게 되었습니다···· 누구나 제 길을 갖고 태어난다고 합니다···· 누구나 제 꿈을 꾸고, 제 길을 걸어간다면 얼마나 좋을까요···· 이 세상이 더 재미있어지겠지요···· 이 세상이 더 아름다워지겠지요····이 한마디가 하고 싶어 이 책을 다시 내는지 모릅니다····다 다르다
···사흘 낮, 사흘 밤 내리는 빗소리를 들으며, 백창우 씀····

초판 머리말

나한테는 노래가 집이다

1

내가 살았던 집 열한 개 가운데
우리 문패를 달았던 적은 모두 다섯 번
어쩌면 우리 삶도 한 절반쯤은 그렇게
남의 이름으로 사는 것은 아닐까

–백창우, '문패' 에서

이사를 참 많이도 다녔다. 초등학교를 다섯 군데나 다녔으니 말이다. 우리 아버지, 어머니는 이북 사람이다. 아버지는 평안도 진남포 사람이고 어머니는 황해도 안악 사람이다. 요즘도 식구들이 한데 모이는 날이면 이북식 만두, 그러니까 어른 주먹만 해서 한 서너 개만 담으면 그릇이 꽉 차는 커다란 만두를 빚어 만두국을 끓여 먹는다.

해방 뒤, 북에서 소학교 교장을 하던 아버지가 조만식 선생을 따라 정치하는 동네를 얼씬거리다 몹시 어려운 지경에 처하게 되어 아들 하나를 그곳에 둔 채 어머니와 서둘러 이남으로 온 것은 한국전쟁이 있기 얼마 전이었다.

난리를 피해 이곳저곳을 떠돌다 전쟁이 가라앉자 경기도 의정부에 자리를 잡았고 나는 철길 옆 우물이 있던 집에서 늦둥이로 태어나 초등학교 1학년 때까지 거기서 살았다. 아버지가 손수 지은 그 집 앞에는 우물 양쪽으로 한 스무 발짝쯤 떨어져 나무 두 그루가 서 있는데 바로 내가 태어나던 해에 아버지가 심은 것이다. 그 아래 뛰놀며 자라면서 나는 큰 나무를 아버지 나무, 작은 나무를 내 나무라고 불렀다. 아버지가 돌아가시고 난 뒤 어른이 되어 거기를 다시 찾아갔는데, 그때 보니 한 그루는 곧게 튼튼히 잘 자랐고, 다른 한 그루는 몸이 영 안 좋아 보여 마음이 아팠던 생각이 난다.

나는 보따리 포목 장사를 하던 어머니 등에 업혀 거리의 간판을 따라 읽으며 한글을 뗐고, 동네 사람들은 그런 나를 신동이라 불렀다. 날마다 어머니의 노래와 아버지의 옛날이야기를 들으며 내 몸과 마음이 자랐고, 나이 차가 좀 나는 형들 심부름으로 만화 가게를 오가며 《동물 전쟁》《땡이》《짱구 박사》 같은 만화책들을 보거나 형들 책꽂이나 책상 밑에서 찾아낸 《괴도 루팡》《명탐정 셜록 홈즈》《톰 소여의 모험》《늑대 소년》 같은 소설책이나 동화책들, 그리고 이상한 잡지 따위를 마구잡이로 읽으면서 새로운 세계에 눈떠 갔다.

형들은 집 앞에 있던 경찰서 창고를 털어 날마다 전쟁놀이를 했다. 미제 껌, 미제 초콜릿, 미제 비스킷……, 집 안팎은 온통 미제 천지였다. 삽처럼 생긴 내 숟가락에는 유에스에이(USA)가 새겨져 있었고 부엌 찬장에는 미군 부대에서 흘러나온 커다란 빠다(버터) 깡통이 놓여 있었다. 나는 그놈을 밥에 비벼 먹으면서 자랐고 동네 꼬마들과 '헬로' '땡큐' '기브 미 초콜릿' 따위 생활용어(?)들을 하나둘 익혔다. 제 땅인 듯 활개치고 다니는 미군들을 우리는 그저 '좋은 나라 사람들'로만 여겼다. 한 해에 한 번은 '미군의 날'인가 뭔가 해서 우리 꼬마들에게 미군 부대를 개방했는데, 이날은 줄만 잘 서면 헬리콥터도 타고 맛있는 미제 과자도 실컷 얻어먹을 수 있었다. 운동장 한켠에 간이 목욕탕을 만들어 놓고 얌전히 물에 들어갔다 나온 아이들에게는 미제 막대사탕을 하나씩 주기도 했다. 그 시절 우리는 이 세상에 생일 노래라고는 '해피 버스 데이 투 유' 밖에는 없는 줄 알았다.

2

진달래 먹고 물장구 치고 다람쥐 쫓던 어린 시절에
눈사람처럼 커지고 싶던 그 마음 내 마음

-이용복이 부른 노래, '어린 시절'에서

어머니, 아버지와 떨어져 두 형과 누나랑 양평 산동네에서 살았던 일 년은 내 삶에서 가장 배고픈 시절이었다. 초등학교 2학년이던 나는 맨날 혼자서 산을 오르내리면서 오디, 살구, 개암, 싱아, 머루, 다래, 고욤, 으름, 버찌, 까마중 따위를 따 먹으면서 놀았다. 진달래랑 아카시아꽃도 참 많이 따 먹었다.

돈이 없어 따로 시장을 보는 일은 거의 없었고, 언제나 밥상에 오르는 것은 집 울타리를 따라 심어 놓은 호박, 가지, 오이, 고추나 어머니가 보내 주신 무말랭이, 고춧잎, 장아찌 같은 것이 전부였다. 어쨌든 그때 나는 혼자 노는 법과, 자연 속을 잘 찾아보면 곳곳에 먹을 것이 수두룩하다는 것을 배웠다. 날마다 말도 안 되는 노래를 흥얼거리면서 들개처럼 산과 들을 혼자 돌아다녔다. 끝까지 아는 노래가 몇 개 없어 그냥 시작만 하면 내 마음대로 말을 갖다 붙여 부르고는 했다.

3

어깨동무 씨동무 미나리밭에 앉았다
동무동무 씨동무 보리가 나도록 씨동무

-전래 동요, '어깨동무 씨동무'

초등학교 3학년 때, 우리 집은 서울 변두리였던 상계동으로 이사를 갔다.

아버지는 여기서도 집 한 채를 손수 지었는데 조그만 우물과 예쁜 뜰이 있던 그 집에서 우리 식구는 세 해 가까이 살았다. 집 앞으로 작은 개울이 흐르고 오른쪽으로는 돌산이던 불암산이, 왼쪽으로는 흥국사라는 절이 있는 수락산이 있었는데 그 산을 참 수도 없이 오르내렸다.

아버지는 개울 옆에서 큰 양계장을 했는데 거기에는 닭 말고도 오리랑 거위도 많았고 개도 세 마리나 있었다. 또 부채 같은 날개를 가진 칠면조도 있었다. 이따금 누나랑 갓 나온 달걀을 바구니에 담아 들고 식당 같은 데 팔러 다니기도 했다. 그렇게 번 돈 가운데 얼마를 누나와 나눠 갖곤 했다. 혼자 노는 데 익숙해 있던 내가 동네 아이들과 어울려 '노는 재미'를 새롭게 알게 된 것도 이 무렵이다.

> 야 야 모두 나와라
> 여자는 필요 없다 남자 나와라
>
> -전래 동요, '야 야 모두 나와라'

> 술래잡기할 사람 여기 붙어라
> 술래잡기할 사람 여기 붙어라
>
> -전래 동요, '술래잡기 노래'

> 사과 하면 나오고 배 하면 들어가라
> 쌀밥 하면 나오고 보리밥 하면 들어가라
>
> -전래 동요, '숨바꼭질 노래'

학교에서 돌아오기 무섭게 우리는 공터나 들판에 모여 깜깜해질 때까지 놀았다. 숨바꼭질, 술래잡기, 무궁화꽃이 피었습니다, 말뚝박기, 자치기, 구슬치기, 딱지치기, 팽이치기, 비석치기, 땅따먹기, 헐랭이, 으지자지, 깡통차기……. 그때는 읽을 만한 책도 별로 없고, 텔레비전도 오락실도 컴퓨터도, 피아노 학원이나 미술 학원도 없었지만, 우리에게는 수많은 놀이와 노래가 있었다. 정말 '노는 것밖에는 남는 것이 없던' 아름다운 시절이었다.

동네에 텔레비전이 있는 만화 가게가 하나 있었지만 돈이 없어 자주 가지는 못했고, 김일이 나오는 프로레슬링 중계를 할 때나 우르르 몰려가 보는 것이 고작이었다.

동시와 동화보다 '노래'와 '이야기'를 먼저 만났고, 동시와 동화가 무엇인지는 잘 몰라도 노래와 이야기는 수십 개, 수백 개씩 외우고 다녔다.

학교 길 십 리 길이 그리 멀다고 느끼지 못하던 시절이었다.

4

서울에서 쫓겨난 철거민들이 천막 하나씩 쳐 놓고 새 삶을 시작하던 '광주대단지'에 들어온 것은 초등학교 5학년 여름방학 때였다. 지금은 성남시라고 부르는 번잡한 도시지만 그때는 허허벌판이었다. 우리 집은 철거 때문이 아니라 순전히 아버지 고집으로 이곳에 오게 되었다.

우리 식구는 아버지가 미리 지어 놓은 집에서 살았지만, 우리 학교 아이들은 거의 다 임시로 꾸민 작은 천막집에서 살았다. 도시락을 싸 오지 못하는 아이가 한둘이 아니었다. 이사 온 지 얼마 안 되어 큰 데모가 일어났다. 비가 부슬부슬 내리던 날이었는데, 사람들이 이 집 저 집 뛰어다니면서 다 나오라고 소리쳤다. 나도 성남시 초입인 수진리 고개로 나가 최루탄에 눈물 콧물 다 쏟으면서 철거민들과 경찰의 투석전을 구경했다.

그때 참외를 가득 실은 트럭이 그 길로 들어섰는데 빗길에 그만 미끄러지고 말았다. 트럭이 엎어지는 통에 참외가 길바닥에 다 쏟아졌다. 그것을 보고 투석전을 하던 사람들이 너도나도 돌을 놓고는 참외를 주우러 뛰어가는 것이 아닌가. 최루탄 연기 속에 떼굴떼굴 구르던 노란 참외들……. 어른이 된 지금도 참외만 보면 그때 생각이 난다.

5

중학교 3학년 겨울, 누나가 클래식 기타를 사다 주었다. 처음으로 세상에 없는 노래 하나를 만들었다.

6

찌그러진 굴렁쇠로는 오래 구를 수 없지
큰길 좁다란 길 아무 데도 갈 수 없지

동그란 굴렁쇠로는 오래 구를 수 있지
큰길 좁다란 길 어디든지 갈 수 있지

–백창우, '굴렁쇠 1'

나는 누구일까
너는 누구일까
우리들은 이제까지
어떻게 살아왔을까

–백창우, '꿈이 더 필요한 세상 2' 에서

스무 살 무렵에는 어느 전도사님을 도와 조그만 개척 교회에서 아이들 선생 노릇을 했다. 여자 전도사님은 곱사등이였는데 마음이 아주 따뜻한 분이었다. 성남 감나무골 언덕 꼭대기에 마당이 널찍한 집을 얻어 간판도 없이 교회를 시작했는데, 여름 한 철만 도와달라고 해서 갔던 것이 어찌어찌 몇 해나 있게 되었다. 그저 방 두 칸에 강대상도 풍금도 없는, 무척이나 가난한 교회였다. 교회 위로 조금만 더 올라가면 조그만 집이 다닥다닥 붙어 있는 산동네가 나오는데 사람들은 거기를 달동네, 별동네라고 불렀다.

처음 얼마 동안은 기타를 들고 동네 골목을 누비면서 아이들을 불러 모았다. 교회 안에서도 내가 하는 일이래야 기타에 맞춰 아이들과 찬송가나 동요를 부르거나 마당에서 같이 노는 게 다였다. 몇 해 뒤에 아동 복지를 공부하던 한 아이랑 '굴렁쇠' 라는 어린이 모임을 만들었다. 한 주에 한 번쯤 모여 노래도 배우고 글쓰기도 했다. 소년 소녀 가장을 돕는 한 복지관 안에 '두레' 라는 어린이 모임도 만들었다. '굴렁쇠 1' 과 '굴렁쇠 2' 는 굴렁쇠 모임 주제가로 만든 것이고, '꿈이 더 필요한 세상 2' 는 소년 소녀 가장들과 함께한 캠프 주제가로 만든 것이다. '노래마을' 이라는 어른들 노래 모임을 만든 것도 이즈음이다.

어린이 모임에서는 창작 동요 가운데 좋은 동요를 골라 부르기도 하고, 내가 아는 전래 동요를 다듬거나 새로운 동요를 만들어 불렀다. '두껍아 두껍아' '까치야 까치야' '짱아 짱아' '술래잡기 노래' '숨바꼭질 노래' '어깨동무 씨동무' '비야 비야' 같은 전래 동요들, '콩밭 개구리' '까만 새' '달구베실꽃' '아기 업기' 처럼 시골 아이들 글에 붙인 노래들, '감자꽃' '개구쟁이 산복이' '부르는 소리' '꿈이 더 필요한 세상' '해야 해야 잠꾸러기 해야' '그릇' '은자동아 금자동아' '수현이의 크레용' '고추잠자리' '들어 봐' '땅' 같은 창작 동요들이 다 그때 만들어 아이들과 부르던 노래들이다. 교과서에도 노래책에도 음반에도 없는 노래들이었다.

그럭저럭 노래가 꽤 모였고, 나는 그 노래들을 모아 교회 어린이와 청소년을 위해 만든 《어린이 노래 모음》《젊은 예수의 노래》 같은 노래책에 싣기도 하고, 기독교 장로회에서 쓰는 어린이, 청소년 교재나 노래마을 공연 악보집 같은 데 실었다.

또 전국지역사회탁아소연합회, 기독여민회, 서울지역공부방연합회, 전국교직원노동조합 같은 단체들과 탁아소 기금 만들기 공연이나 참교육 한마당 공연 같은 것을 꾸미거나, 〈노래마을 어린이 노래 마당〉〈새날을 열어 갈 우리 아이들〉〈해야 해야 잠꾸러기 해야〉〈우리 동네 아이들〉 같은 동요 테이프를 만들었다. 음반 가게에서는 살 수 없었고 운동권 노래 테이프를 팔던 사회과학 서점이나 공연장, 어린이 단체 같은 데서나 구할 수 있었다. 적은 돈을 들여 대개 일주일 만에 뚝딱 만든 음반들이라 볼품이 없었지만, 이런 동요 음반이 없을 때라 그랬는지 꽤 잘 팔렸다.

그러는 사이 '굴렁쇠'는 자연스럽게 공연도 하고 음반도 녹음하는 어린이 노래 모임으로 바뀌었다. 이름도 '어린이 모임 굴렁쇠'에서 '어린이 노래 모임 굴렁쇠아이들'로 바꾸었다. 뭐 딱히 달라진 건 없고 '참다운 어린이 노래를 찾고 만들고 부른다'는 생각에 '널리 나눈다'는 것이 하나 더해졌다. 공연도 점점 많아졌고 이따금 방송에 나가기도 했다. '젊음의 행진' 같은 텔레비전 프로그램에 나가 전래 동요를 부르기도 했고, '뽀뽀뽀' 같은 어린이 프로그램에 한 달 내내 출연하기도 했다. 그렇지만 대개 평일에 녹화를 하기 때문에 아이들이 학교를 자주 빼먹는 것이 마음에 걸렸고, 또 방송국 사람들이 바라는 것과 우리가 바라는 것이 다를 때가 많아 방송에 나가는 것을 곧 그만두었다.

굴렁쇠아이들은 다른 어린이 노래 모임하고 여러 가지가 달랐다. 어린이 합창단의 소리내기(발성)를 따르지 않고 그냥 말하듯이 노래했고 옷차림이나 동작 따위를 꾸미는 일도 하지 않았다. 일부러 노래 잘하는 아이를 가려 뽑거나 엄마들의 치맛바람에 휘둘리는 일도 없었다. 방송국 사람들한테 잘 봐 달라고 차 한잔 사는 일도 없었다. 방송국 사람들이 보기에는 좀 별다른 노래 모임이었다. 그렇지만 나는 그것이 옳다고 여겼다. 아이는 아이다워야 하고, 아이들 노래는 아이들 노래다워야 한다고 생각했다. 양복에 드레스에 화장까지 하고 나오는 아이들을 보면 나는 질색했다. 꼭두각시 인형과 다를 것이 없다는 생각이 들었다. 나는 아이들과 노래 한 곡을 오래오래 되풀이 연습하는 일도 하지 않았고 노래를 못한다고 혼내지도 않았다.

나는 지금도 이 아이들과 함께 노래하고 놀면서 많은 것을 배운다. 내가 만든 동요는 대개 이 아이들이 먼저 부른다. 내게 동요 만드는 법을 가르친 선생님이 있다면 그것은 아이들이다. 내가 어렸을 때도 그랬고 어른이 된 지금도 마찬가지다.

7

이사를 참 많이도 다녔다. 의정부, 양평, 상계동, 수진리, 단대리, 은행동, 창곡동, 감나무골, 분당. 덩달아 학교도 참 많이 옮겨 다녔다. 중앙초등학교, 양평초등학교, 상계초등학교, 성남초등학교, 수진초등학교.

내가 살았던 동네들, 내가 걸어다닌 길들, 산과 강과 들과 개울, 거기서 만난 풀과 꽃과 나무, 나비, 잠자리, 풍뎅이, 하늘소, 피라미, 모래무지, 미꾸리, 쏘가리, 딱새, 굴뚝새, 종다리, 나와 함께 자란 개들, 해 저물도록 골목길에서 함께 놀던 아이들, 그리고 만화책, 동화책이랑 어머니, 아버지가 들려준 노래와 옛이야기들. 이 모든 것이 나를 키웠고 내가 만드는 노래의 씨앗이 되었다.

이사를 그렇게 많이 다니고, 지금은 어른이 되었지만 아직도 내게는 문패를 달 집이 없다. 어쩌면 노래가 내 집인지도 모른다.

차례

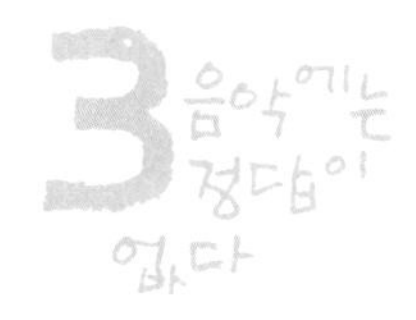
3
음악에는
정답이
없다

4 노래야, 너도 잠을 깨렴

글 첫머리마다 나오는 아이 그림은, 글쓴이가 아주 좋아하는 화가 이중섭의 그림에 나오는 아이들을 본떠 그린 것입니다. 책에 나오는 손 글씨들도 글쓴이가 썼습니다.

다 다른 노래,
다 다른 아이들

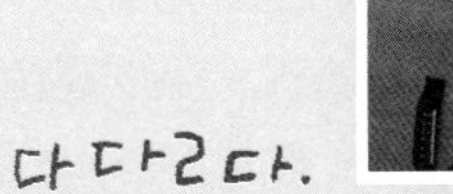

다 다르다.
세상에 노래가 많지만 다 다르다.
세상에 아이들이 많지만 다 다르다.
쇠별꽃이든 애기똥풀이든
쏘가리든 모래무지든
그 무엇이든지 살아있는 것들은
누구나 다 다르다.

다 다른 노래, 다 다른 아이들

세상은 노래로 가득 차 있습니다. 누구나 태어나서 죽을 때까지 온갖 노래에 둘러싸여 살아갑니다. 그렇지만 그 노래들은 다 다릅니다. 세상에 똑같은 사람이 없듯이 똑같은 노래는 없습니다. 그 무엇이든지 살아 있는 것들은 다 다릅니다. 오늘도 새로운 노래가 만들어지고 새로운 아이들이 태어나지만 똑같은 노래도, 똑같은 아이도 없습니다. 다 다릅니다.

꽃은 참 예쁘다.
풀꽃도 예쁘다.
이 꽃 저 꽃
예쁘지 않은 꽃은 없다.

-전북 임실 마암분교 6학년 이창희, '꽃'

노래 속에는 참 많은 것이 담겨 있습니다. 말과 생각과 마음, 얼(정신)과 빛깔(정서)과 삶, 그리고 자연과 사람이 그 속에 있습니다. 한 노래를 만나는 일은 한 세계를 만나는 일입니다. 한 노래를 마음 안에 갖는 일은 한 세계를 마음 안에 갖는 일입니다.

노래는 마치 민들레 씨앗과 같아 누군가의 마음에 날아가 내려앉으면 '무엇인가를 피울 가능성'으로 존재합니다. 그것이 너무 작아 눈에 잘 띄지 않고 잘 느껴지지 않을 뿐입니다. 좋은 글이 사람을 바꾸고 세상을 바꾸는 것처럼, 사람의 생각을 넓고 깊게 만들고 꿈을 주기도 하는 것처럼, 좋은 노래는 마음 안에 아름다운 울림을 남깁니다. 아름다운 결을 새깁니다. 그렇지만 모든 글이 좋은 글이 아니듯, 모든 선생님이 좋은 선생님이 아니듯, 모든 노래가 좋은 노래는 아닙니다. 어떤 노래가 좋은 노래일까요? '척 보면 아는 눈'이 있어야 합니다.

좋은 노래를 가려낼 수 있는 눈을 갖기 위해서는 굳은 생각에서 벗어나야 합니다. 어떤 생각이 한번 머리에 박히고 몸에 배면 참 바꾸기가 어렵지요. 아이들은 어른보다 생각이 자유롭습니다. 그렇지만 아이들은 또 어른에게 빨리 길들어 버립니다. 한 가지 물음에 저마다 답이 다르던 아이들이, 점점 물음 하나에 답 하나뿐인 어른들을 닮아 갑니다. '다 다른 아이들'이 자판기의 깡통처럼 '닮은꼴 아이들'로 바뀌어 갑니다.

어른들 세계에서는 늘 돼지가 '꿀꿀', 강아지가 '멍멍', 고양이가 '야옹야옹', 개구리가 '개굴개굴', 매미가 '맴맴' 울고, 시냇물이 '졸졸' 흐르고, 비가 '주룩주룩' 내리고, 새싹이 '파릇파릇' 돋아나는지 모르겠지만, 아이들 세계에서는 개구리가 '끼꿀끼꿀' 울기도 하고, 강아지가 '출렁출렁' 뛰어가기도 하고, 비가 '둑둑' 오거나, 봄이 '버떡' 오기도 합니다.

20년 넘게 초등학교에서 아이들을 가르치고 있는 이호철 선생님 글에 이런 말이 있더군요.

> 아이들이 태어나서 이 사회의 숲에서 바르게 자라는 데는 무슨 별난 교육을 야단스럽게 하지 않아도 오염된 환경만 막아 주면 된다고 생각한다. 그러면 적어도 아이들이 본성은 잃지 않고 살아갈 것이다. …… 교육이란 이름 아래, 싱싱하게 자라는 나무를 괜히 조그만 화분에 꼼짝도 못 하게

옮겨 가두어 놓고 제 입맛에 맞게 비틀고 잘라 놓는다. 많은 아이들이 어른이 쓴 동시의 틀에 맞추어 거짓말 재주를 부리는 것만 보더라도 이미 그 잘못된 어른들의 생각이 아이들을 얼마나 잘못된 길로 이끄는지를 알 수 있다.

-이호철, 《살아 있는 글쓰기》에서

한번은 한 방송국 창작 동요제에 보내 온 창작 동요들을 심사한 적이 있습니다. 230곡쯤 되는 노래를 살펴보면서 어떻게 이럴 수가 있나, 하는 생각이 들었습니다. 마치 한 교실에서 한 선생님에게 한 가지 공식을 함께 배운 것처럼 가락도 노랫말도 어떤 '고정된 틀'을 갖고 있는 것처럼 보였습니다. 그 가운데 몇 곡은 아이들이 쓴 것인데 그것마저도 좀 서툴다는 점을 빼고는 다를 것이 없었습니다.

음악 교과서도 그리 다를 것이 없습니다. 새로 실리는 창작 동요를 보면 그게 그겁니다. 그렇지만 이런 교과서에서 자유롭지 못한 선생님도 많이 있습니다.

아이들 음악 교육에서 음악 교과서는 그저 조그만 참고 자료에 지나지 않습니다. 바뀌지 않는 단 하나의 답이 아닙니다. 좋은 선생님은 교과서 밖에 더 큰 세상이 있다는 것을 가르쳐 주는 선생님이 아닐까요? 교과서에 실린 노래들만 '정답'인 것이 아니라 그 바깥에도 엄청나게 넓은 노래의 바다가 있다는 것을 알려 주는 선생님이 아닐까요?

어른은 '답'을 내기를 좋아합니다. 어떤 문제든 답이 한번 정해지면 좀처럼 다른 생각을 하지 않습니다. 이렇게 '문제 하나에 답 하나'를 좋아하는 어른들은 '문제 하나에 답이 제각각'일 수 있는 아이들 세계를 인정할 줄 모릅니다. 그런 어른일수록 신문이나 텔레비전, 교과서 같은 것에 갇혀 살아갑니다.

몇 해 전에 연극인 김태수가 신문에 쓴 짤막한 글을 읽다가 깜짝 놀란 적이 있습니다.

초등학교 3학년인 딸애가 한 문제가 틀린 시험지를 불쑥 내밀었다. 그 문제는 "이웃이 먹을 것을 가져왔을 때 해야 하는 인사말은?"이라는 주관식 질문이었다. 아이는 아빠를 닮아서인지 연극 대사식으로 "아이고, 뭐 이런 걸 다! 우린 드린 것도 없는데……"로 썼다가 '×' 표를 받아 왔다. 학교 선생님이 써 준 '정답'은 "고맙습니다. 잘 먹겠습니다"였다.

-김태수, '정답의 오류' 에서

나중에 점수가 매겨진 시험지를 받은 아이는 제가 쓴 답이 왜 틀렸는지 몰라 속상했을 테지요. 세상에 이런 교육이 어디 있습니까? 삶에서 배우는 답과 학교에서 배우는 답이 이렇게 다르다면 뭐 하러 학교에 다니나요. 이 아이가 흘린 눈물에 우리 교육은 책임을 져야 합니다. 아이들 머리에 쓸데없는 답만 잔뜩 집어넣는 교육은 이제 그만두어야 합니다. 아이들은 앵무새가 아닙니다. 정답을 외우기만 하는 로봇이 아닙니다.

아이들에게 학습지 몇 개, 학원 두세 개는 기본이라고 생각하는 어른들, 교육이라는 것이 마치 모든 것을 다 알아야 하고 모든 것을 다 잘해야 하는 것처럼 생각하는 어른들, 아이들이 '노는 꼴'을 못 봐 쓸데없이 아이들을 바쁘게 만드는 어른들이 너무 많습니다.

일본 만화가 가운데 데즈카 오사무라는 사람이 있습니다. '아톰'을 그린 사람이지요. 이 사람은 약하고 조그맣고 따돌림을 당하던 안경잡이 아이였다고 합니다. 이런 아이가 나중에 자신의 꿈을 이룰 수 있었던 것은 "네가 정말 하고 싶은 것을 하렴" 하는 어머니 말씀 한마디 때문이었다고 합니다. 좋은 부모, 좋은 선생님은 '아이들 마음밭에 씨앗을 뿌리는 사람'입니다. '아이들에게 널찍한 멍석을 깔아 주고 하고 싶은 것을 하게 하는 사람'입니다. 아이들을 한 줄로 세워 한 방향으로만 끌고 가는 사람이 아니라 '아이들 스스로 바라볼 수 있도록 이끄는 사람'입니다.

우리 아이들에게 좋은 노래 씨앗을 많이 뿌려 주어야 합니다. 하늘은 '하늘

색' 이라고 써 있는 크레용만으로 담아 낼 수 있는 것이 아니라는 것을 가르쳐 주어야 합니다. 교과서 바깥에, 학교 바깥에 더 큰 세상이 있다는 것을 가르쳐 주어야 합니다.

아이들에게 아이들 노래를 돌려주자

요즘 어디를 가든 누구를 만나든 "아이들에게 아이들 노래를 돌려주자"는 말을 자주 합니다. 선생님들을 만나도 어머니, 아버지들을 만나도 신문사 기자들이나 방송국에서 일하는 사람들을 만나도 아주 큰일난 것처럼 막 떠들어 댑니다. 아이들이나 어른들이 모인 자리에 가서 전래 동요도 가르쳐 주고 이원수 동요도 들려줍니다.

어른들이 만들어 가는 세상은 정말 형편없습니다. 틀려먹었습니다. 아이들이 뭘 보고 뭘 듣는지, 아이들이 뭘 하고 노는지 생각해 보십시오. 이놈의 텔레비전 시대에 아이들이 되고 싶어하는 것은 가수나 슈퍼 모델, 탤런트나 개그맨입니다. 아이들이 좋아하는 노래는 댄스 음악이나 테크노 음악처럼, '날것'이 아닌 온갖 기계로 주물럭거린 음악입니다. 그게 나쁘다는 것이 아닙니다. 어떻게 그렇게 비슷비슷할 수가 있습니까? 컴퓨터 게임에 빠진 아이들에게 말뚝박기나 비석치기, 사방치기, 숨바꼭질, 자치기 같은 놀이는 이제 별 볼일이 없는 것일까요? 예쁘장하고 춤 잘 추는 가수들 노래를 좋아하는 요즘 아이들에게 동요는 쓸데가 없는 것일까요?

언제부터인지 아이들은 동요를 시시하고 재미없다고 여깁니다. 그럴 만도 하지요. 뭐, 동요라고 해 봐야 그게 그거고 자기들 말이나 생각, 마음, 모습,

바라는 것 어느 하나도 생생하게 담고 있지 못한데 무슨 맛이 있겠습니까? 재미도 감동도 없지요.

게다가 노래라는 것이 자꾸 되풀이해서 듣고 불러야 그 맛을 아는 것인데, 어디 그렇습니까. 좋은 동요를 자주 들을 길이 없습니다. 아무리 형편없는 노래라도 하루에 몇 번씩 날마다 들어 보십시오. 어느새 자기도 모르게 흥얼거리게 되지요. 거꾸로, 아무리 좋은 노래라도 들을 기회가 별로 없다면 한마디도 몸에 남아 있지 않게 됩니다. 밥상을 제대로 차려 줘야 합니다. 그 밥상 위에는 이런 노래도 있고 저런 노래도 있어 아이들이 고를 수 있어야 합니다.

그런데 요즘 아이들이 날마다 듣는 노래에는 선택할 만한 여지가 없습니다. 밥상에 한 가지 반찬밖에 없으니 고르고 자시고 할 것이 없습니다. 먹든지 말든지지요. 아이들 모두가 문화 결핍증에 걸릴지도 모릅니다. 머리(지식)야 커서도 채워 넣을 수 있지만 좋은 정서는 하루아침에 만들어지지 않습니다.

이제부터라도 아이들에게 아이들 노래를 돌려줘야 합니다. 뻔한 노래들이 아니라 정말 괜찮은 아이들 노래를 찾고 만들고 나누어야 합니다. 어떤 것이든 제자리에 놓일 때 아름답습니다.

아이들이 잘 쓰는 말 가운데 이런 말이 있지요.

"우리 엄마가 그랬어."

"우리 선생님이 그랬어."

아이들은 어머니, 아버지가 하는 말을 그대로 받아들입니다. 유치원이나 학교에 다니고부터는 선생님 말씀을 옳고 바른 것으로 받아들입니다. 아이들이 믿고 따르는 가장 가까운 사람이기 때문이지요. 어른들이 먼저 눈을 떠야 합니다. 부모도, 선생님도 아이들에게 좋은 '문화 밥상', 좋은 '노래 밥상'을 차려 줘야 합니다.

텔레비전은 틀렸습니다. 아이들에게 남의 것이 아닌 진짜 아이들 것을 돌려줄 수 있는 것은 어머니, 아버지들입니다. 선생님들입니다.

따뜻한 사랑을 받은 아이는 따뜻한 사람으로 자랍니다. 자연과 가까이 지낸 아이는 마음이 넓고 착한 사람으로 자랍니다. 신나게 놀아 본 아이는 새로운 길을 두려워하지 않는 사람으로 자랍니다. 좋은 책을 많이 읽고, 좋은 노래를 많이 듣고 부른 아이는 꿈을 가진 사람으로 자랍니다. 좋은 것은 이렇듯 몸과 마음에 아름다운 결을 하나씩 새깁니다. 이런 아이들이 자라나 세상을 아름답게 가꾸겠지요.

노래 씨앗을 찾아서

아이들은
아무 때나 시를 쏟아 냅니다.
아이들은 정말
아무 때나 노래를 쏟아 냅니다.
조금만 귀담아 들어보면
아이들 말 속에
싱싱한 시와 노래의 씨앗이 숨어 있다는 걸
알 수 있습니다.
그대로만 놔두면 아이들은
누구나
시인입니다.

늙은 잠자리

조금 느리게
방정환 시 · 백창우 곡
Eb
Bb7
Eb
Bb7
Eb
수수나무마나님 좋은 마나님 오늘저녁하루만 재워주세요
잠잘곳이없어서 늙은 잠자리 바지랑대갈퀴에 혼자앉아서
Fm
Gm
Cm
Ab
Gm
Bb7
Eb
아니아니안돼요 무서워서요 당신눈이무서워 못재웁니다
추운바람서러워 한숨짓는데 감나무마른잎이 떨어집니다

아이들 세상을 꿈꾸던 사람, 방정환

1

1999년 5월 1일은 방정환 탄생 100주년과 어린이 선언 76주년을 기념해서 '새 천년 어린이 선언' 선포식과 거리 행진, '어깨동무 음악회'가 있던 날입니다. 나는 굴렁쇠아이들하고 세종문화회관 분수대 광장으로 가서 축하 공연을 했습니다. 행사를 마치고 돌아오면서 방정환 선생님 시에 붙인 노래를 하나쯤 부를걸, 하는 생각이 들었습니다.

날 저무는 하늘에
별이 삼형제
반짝반짝 정답게
지내더니

웬일인지 별 하나
보이지 않고
남은 별이 둘이서
눈물 흘린다

-방정환, '형제 별'

내가 알고 있는 방정환 동요가 세 곡 있기는 했지만 모두 마땅치가 않았습니다. '형제 별'은 누구나 알고 있는 노래이기는 하지만 외국 노래를 번안한 듯하고, 1920년대 말에 고무줄 노래로도 많이 불렀다는 '가을밤'이라는 노래는 노랫말이 방정환 시라고는 하지만, 1927년 5월에 나온《소년 소녀 교육 유행 창가집》에 외국 노래, 일본 동요와 함께 실려 있는 것만 봐도 그렇고 그 가락을 따져 봐도 일본 동요가 아닌가 하는 생각이 듭니다. 또 하나, 방정환 시에 '반달' 작곡가 윤극영이 곡을 붙인 '귀뚜라미 소리'라는 노래가 있는데 노래를 불러 보니, 부르기도 쉽지 않고 가락도 금방 입에 붙지 않습니다.

방정환 선생님은 어린이 나라에 세 가지 예술이 있다고 하면서 이야기, 그림과 함께 노래를 들었습니다. 그런데도 제대로 된 방정환 동요 한 곡이 없다는 것이 영 마음에 걸렸습니다.

몇 달 뒤, 어린이도서연구회에서 방정환 선생님이 태어난 11월 9일을 맞아 방정환 탄생 100주년 기념 강연회와 잔치를 여니까 와서 노래 몇 곡을 함께 불렀으면 좋겠다고 연락이 왔습니다. 이 자리에 방정환 동요를 하나 만들어 가야겠다는 생각을 했습니다.

귀뚜라미 귀뚜르르 가느단 소리,
달님도 추워서 파랗습니다.

울 밑에 과꽃이 네 밤만 자면,
눈 오는 겨울이 찾아온다고

귀뚜라미 귀뚜르르 가느단 소리,
달밤에 오동잎이 떨어집니다.

-방정환, '귀뚜라미 소리'

방정환 동요와 동시를 찾아보니 한 열 편쯤 되는데 그 가운데 세 편을 골라 새로 곡을 붙였습니다. '늙은 잠자리' '가을밤' '귀뚜라미 소리' 가 그것입니다. 그날 술과 떡과 촛불이 있던 생일잔치 시간에 사람들과 이 노래를 함께 불렀는데 다들 참 좋아했습니다. 지금은 우리 곁에 없는 분이지만 소박한 생일 선물을 드린 듯해서 나도 기분이 좋았습니다.

세 해 뒤, 그러니까 2002년에는 우리교육 출판사에서 〈어린이〉 잡지에 실었던 아동극 대본을 모아 우리 나라 아동극 선집을 내겠다는 연락을 해 왔습니다. 방정환 선생님이 쓴 동화극 '노래 주머니' 에 나오는 노랫말 두 개에 곡을 붙여 주었으면 좋겠다는 부탁을 하길래 선뜻 그러겠노라고 대답을 했지요. 그날로 노래 두 곡을 뚝딱 새로 만들었습니다. 뭐, 도깨비들이 나오는 얘기인데 오래 걸릴 것이 있나요. 방망이 한번 두드리면 되는 거지, 노래 나와라 뚝딱.

따로 제목이 없는 글이라 내 나름대로 '또드락 딱' '금바가지 은바가지' 라고 제목을 붙이고는 녹음도 뚝딱 했습니다.

산속에 숲속에 또드락 딱
금나라 은나라 또드락 딱
첫닭이 울기 전에 또드락 딱
또드락 또드락 또드락 딱

– 방정환, 동화극 '노래 주머니' 에 나오는 노랫말

노래를 만들면서 어쩐지 노랫말이 낯설지 않다는 생각이 들었습니다. 몇 해 전에 어린이 책을 기획하는 김중철 선생님을 만나 함께 이런저런 이야기를 나눈 적이 있습니다. 그때 김중철 선생님이 방정환 동화극에 기가 막힌 도깨비 노래가 나오는데 거기에다 노래를 붙이면 참 좋을 것 같다는 얘기를 했지요. 그러면서 언제 그 노랫말을 찾아 보내 주겠다고 했는데, 이 아동극 선집을 엮은이가 바로 김중철 선생님이었던 것입니다.

이 '노래 주머니'가 처음 실린 〈어린이〉 첫 호(1923년 3월) 차례를 보니 "아무나 하기 쉬운 동화극-노래 주머니"라고 나와 있습니다. "아무나 하기 쉬운"이라는 말이 참 마음에 들었습니다. 내가 만드는 노래도 아무나 부르기 쉬워야 할 텐데, 좀 더 만만해져야 할 텐데.

2

방정환은 천도교 제3세 교조인 손병희의 사위인데, '사람은 곧 하늘'이라는 천도교 정신을 바탕으로 '어린이'를 새롭게 발견해 낸 사람이지요. 아이를 '어린 하느님'으로 여기고, 함부로 하면 안 된다는 그이의 생각은 '온 우주 생명이 하느님'이라고 하면서 참된 평등 세상을 꿈꾸던 해월 최시형(천도교 제2세 교조)의 마음을 다시 보는 듯합니다.

> "아희를 때리지 마십시오. 그것은 아희를 때리는 것이 아니라 하느님을 때리는 것입니다. 하느님은 맞는 것을 싫어하십니다."
>
> -해월, '물타아 설법'에서

1923년 봄 〈어린이〉 잡지를 처음 낼 때, 창간사 첫머리에 "새와 같이 꽃과 같이 앵두와 같은 어린 입술로 천진난만하게 부르는 노래, 그것은 그대로 자연의 소리이며 그대로 하늘의 소리입니다"라고 한 것만 보더라도 방정환이 어떤 눈으로 아이들을 바라보는지 알 수 있습니다.

> 어린이는 모두 시인이다. 본 것, 느낀 것을 그대로 노래하는 시인이다.
>
> -방정환, '어린이 찬미'에서

> 낡고 묵은 것으로 새것을 누르지 말자. 어른이 어린이를 내리누르지 말자.
>
> -방정환, '아동 문제 강연 자료'에서

어린이는 결코 부모의 물건이 되려고 생겨 나오는 것도 아니고, 어느 기성 사회의 주문품이 되려고 나오는 것도 아닙니다.

그네는 훌륭한 한 사람으로 태어나는 것이고 그는 그대로 독특한 한 사람이 되어 갈 것입니다.

그것을 자기 마음대로 자기 물건처럼 이렇게 만들리라 이렇게 시키리라 하는 부모나, 이러한 사회의 필요에 맞는 기계를 만들리라 하여 그 일정한 판에 찍어 내려는 지금의 학교 교육과 같이 틀리고 잘못된 것이 어디 있겠습니까.

…… 그래서 자유롭고 재미로운 중에 저희끼리 기운껏 활활 뛰면서 훨씬 훨씬 자라 가게 해야 합니다.

–방정환, '소년의 지도에 관하여' 에서

'어린이' 라는 새로운 말을 만들어 널리 알리고, 남들한테 헛꿈 꾸지 말라는 말을 들으면서도 〈어린이〉 잡지를 꾸미던 사람, 가난한 조선 아이들이 한 사람이라도 더 〈어린이〉 잡지를 봤으면 하는 마음에 책값을 내리고 싶어하던 사람, 어린이의 잠자는 얼굴에서 하느님 얼굴을 본다고 하던 사람, 늘 "10년 뒤의 우리 나라를 생각하자" 고 하면서 아이들이 마음껏 살아갈 날을 꿈꾸던 사람, 우리에게는 뚱보 아저씨 방정환이 있습니다.

그이가 서른셋, 그 이른 나이에 다른 세상으로 떠나지 않고 더 오래 아이들 곁에 있었다면 우리 어린이 문학이, 어린이 문화가, 또 어린이 삶이 어떻게 달라졌을지.

개나리꽃

이원수 시 · 백창우 곡
C Am G Dm7 G7 Em
개나리꽃 들여다보면 눈이 부시네 노란빛이 햇볕처럼 눈이 부시네
C C7 F C G7 F G C
잔등이 후끈후끈 땀이 배인다 아가 아가 내려라 꽃 따주께
C Am G Dm7 G7 Em
아빠가 가실 적엔 눈이 왔는데 보국대 보국대 언제 마치나
C C7 F C G7 F G C
오늘은 오시는가 기다리면서 정거장 울타리의 꽃만 꺾었다

이원수 시에는 좋은 세상으로 가는 길이 숨어 있습니다

이원수 시에 붙인 노래들 가운데 내게 아주 뜻깊은 노래가 있습니다. '개나리꽃' 하고 '부르는 소리' 라는 노래지요.

'개나리꽃' 은 이원수 시 가운데 내가 처음 노래로 만든 것입니다. 그것이 아마 1970년대 말쯤일 것입니다. 〈뿌리 깊은 나무〉라는 잡지가 있었습니다. 다달이 나오는 그 책을 창간호부터 1980년에 강제 폐간될 때까지 한 권도 빼놓지 않고 보고는 했는데 어느 달인가 '개나리꽃' 이 실려 있었습니다. 이따금 어떤 시는 읽다가 그대로 노래가 되기도 하는데 '개나리꽃' 이 그랬습니다. 그래서 내가 '좋은 시는 노래를 품고 있다' 는 생각을 갖게 되었는지 모르겠습니다.

아버지가 보고 싶을 때마다 조그맣게 흥얼거리던 이 노래가 음반에 실리게 된 것은 스무 해가 더 지나서지요. 노래 녹음을 한 주연이는 굴렁쇠아이들에서 가장 큰언니인데, 나하고는 갓난아기 때부터 열 살 무렵까지 한집에서 살았지요. 세 살인가 네 살 때는 '감자꽃' 노래 녹음을 함께 하기도 했는데 그 뒤 쭉 굴렁쇠아이들에서 활동했고, 작곡가를 꿈꾸는 아이입니다. 주연이가 '개나리꽃' 을 녹음하지 않았다면 아마 내가 불렀을 것입니다. 나는 공연에서 동요를 부를 때도 많지만 '개나리꽃' 은 한 번도 무대에서 부른 적이 없습니다. 노래를 하다 눈물이 날지도 모른다는 생각 때문에 말입니다.

해가 지면 성둑에
부르는 소리.
놀러 나간 아이들
부르는 소리.

해가 지면 들판에
부르는 소리.
들에 나간 송아지
부르는 소리.

박꽃 핀 돌담 밑에
아기를 업고
고향 생각, 집 생각
어머니 생각—

부르는 소리마다
그립습니다.
귀에 재앵 들리는
어머니 소리.

-이원수, '부르는 소리'

이원수 시 가운데 처음 곡을 붙인 노래가 '개나리꽃'이라면, '부르는 소리'는 이원수 동요 가운데 내가 처음 음반에 실었던 노래입니다. 1985년에 녹음을 해서 그 이듬해에 나온 〈노래마을 1집〉에 실었지요. 이 음반에는 권태응 동요 '감자꽃'도 함께 담겨 있는데 나한테는 1980년 봄에 낸 첫 작곡집에 이어 나온 두 번째 작곡집인 셈입니다.

'부르는 소리' 는 1999년에 나온 〈이원수 동요 2집-누렁아, 울지 말고 나랑 같이 놀자〉 음반에 다시 실었는데 잘 들어 보면 두 노래가 조금 다르다는 것을 알 수 있습니다. 〈노래마을 1집〉에 있는 '부르는 소리' 는 시 1연과 3연을 1절로, 2연과 4연을 2절로 만들어 실었는데 〈이원수 동요 2집〉 음반에는 시 순서 그대로 한 번에 노래를 하면서 거기에 맞게 가락을 조금 바꾸었지요. 1991년 여름, 한국글쓰기교육연구회 연수 때 '아이들 삶, 아이들 노래' 라는 제목으로 이야기를 한 적이 있는데 그때 이오덕 선생님이 내가 처음 만든 '부르는 소리' 에 대해, 시 순서가 바뀌면 느낌이 달라질 수 있다는 말씀을 하셨습니다. 뒷날 이원수 동요 음반을 만들 때 그 생각이 나서 시 순서대로 바로잡아 다시 녹음한 것입니다.

엄지 아가,
어머니는 어디만큼 오시나?
읍내 저자 다 보시고
신작로에 오시지.

둘째 아가,
어머니는 어디만큼 오시나?
아기 신발 사 가지고
고개 넘어 오시지.

셋째 아가,
어머니는 어디만큼 오시나?
예쁜 아기 젖 주려고
언덕길에 오시지.

넷째 아가,
어머니는 어디만큼 오시나?
아기 보랴 종종걸음
다리 건너 오시지.

꼬마 아가,
어머니는 어디만큼 오시나?
동구 밖에 다 오셨다.
엄마 마중 나가자.

-이원수, '어디만큼 오시나-엄마를 기다리며 손가락 하나하나를 붙들고 부르는 노래'

1992년 가을, 한국어린이문학협의회와 민족문학작가회의 주최로 '제1회 이원수 문학의 밤'이 열렸습니다. 이 자리에서 굴렁쇠아이들과 함께 이원수 동시로 만든 노래들을 스무 곡 가까이 불렀는데 이렇게 이원수 동요만 한자리에 모아 발표한 것은 이날이 처음입니다.

'개나리꽃' '부르는 소리' 뒤에 틈틈이 만든 이원수 동요가 몇 곡 있기는 했지만, 이오덕 선생님이 '이원수 문학의 밤' 몇 달 전에 이원수 동시를 몇십 편 골라 보내 주셔서 거기서 또 스물 몇 곡인가를 만들 수 있었지요. 이원수 동요 음반에 있는 '어디만큼 오시나' '고향 바다' '햇볕' '봄 시내' '이 닦는 노래' '염소' '겨울 물오리' 같은 노래는 바로 이즈음에 만든 노래들입니다.

해마다 '이원수 문학의 밤'에 다녀간 사람들 때문에 몇 곡이 알려지기는 했지만 음반과 악보집에 담겨 세상에 나온 것은 1999년이 되어서입니다.

그 두 해 전쯤 모든 일을 접고 쉰 적이 있는데 일 년 남짓 세상 밖으로 나가 혼자 지내는 동안 참 많은 생각을 할 수 있었습니다. 내가 걸어온 길과 내가 걸어갈 길에 대해서 말이지요. 그런대로 괜찮은 삶이기는 했지만 너무 분주하게 살았구나, 하는 생각이 들었습니다. 시간을 쫓아 달려가는 일이 참 어리

석다는 생각을 했습니다. 내 마음이 행복하던 때, 내 마음이 환해지던 때를 떠올리다가 아이들 노래를 만들 때가 가장 행복하고 착하고 환했다는 것을 깨달았습니다.

이원수 시를 읽으면 내 마음이 따뜻해집니다.
이원수 시를 읽으면 내 마음이 착해집니다.
이원수 시를 읽으면 저절로 노래가 흥얼거려집니다.

한 십 년 남짓 이원수 선생님 시에 틈틈이 곡을 붙이다 보니 한 130곡쯤이 모였습니다. 이원수 선생님이 쓴 동시가 열다섯 살 때 처음 쓴 '고향의 봄'부터 돌아가시기 바로 앞에 쓴 '겨울 물오리'까지 한 300편 가까이 되는데, 절반이 조금 못 되게 노래를 붙인 셈이지요. 그 시 속에 있는 노랫길을 따라다니면서 참 즐거웠습니다. 이원수 시에 담긴 아이들 삶과 마음과 자연이 너무나 아름답고 소중하게 느껴집니다.

이 노래들에는 우리 말과 가락이 가진 맛과 빛깔이 배어 있습니다. 좋은 세상으로 가는 길이 숨어 있습니다.

-백창우, 〈이원수 시에 붙인 노래들〉 머리말에서

내가 세상에 다시 나와 처음 한 일이 이원수 동요 음반인 것은 바로 그 때문입니다. 내 삶이 가장 힘들던 몇 달, 나는 이원수 시를 붙들고 살았습니다. 햇볕이 잘 들지 않아 불을 켜지 않으면 늘 어둑한 방, 날마다 성경책을 공책에 옮겨 적는 여든 살 어머니 곁에 엎드려 이원수 시에 노래를 붙였습니다. 시 속에 숨어 있는 노래를 찾아 옮겨 적었습니다. 노래 하나를 만들면 손을 씻거나 어머니 몰래 밖에 나가 담배 한 대 피우고는 다시 들어와 또 다른 노래를 만들고 그랬습니다. 하루 내내 시와 뒹굴면서, 하루 내내 세상에 없는 노래를 흥얼거리면서, 깜깜 어둠속에서도 언제나 그 어둠 한켠에 희망의 별 하나가 빛나고 있다는 것을 알게 되었습니다.

얼음 어는 강물이
춥지도 않니?
동동동 떠다니는
물오리들아.

얼음장 위에서도
맨발로 노는
아장아장 물오리
귀여운 새야.

나도 이젠 찬 바람
무섭지 않다.
오리들아, 이 강에서
같이 살자.

-이원수, '겨울 물오리'

이원수 선생님이 병상에서 쓴 마지막 시 '겨울 물오리'를 읽으면서 콧등이 찡해졌습니다. 이분은 이렇듯 죽음을 눈앞에 두고도 희망을 노래하는구나, 꿋꿋한 삶을 얘기하는구나. 지금 내 처지가 얼음장 위에 맨발로 서 있는 것과 같지만 그까짓 것 이겨 내지 못할 것이 어디 있어, 하는 생각이 들었습니다.

나무야, 옷 벗은 겨울 나무야,
눈 쌓인 응달에 외로이 서서
아무도 오지 않는 추운 겨울을
바람 따라 휘파람만 불고 있느냐.

-이원수, '겨울 나무'에서

고향 고향 내 고향
박꽃 피는 내 고향
담 밑에 석류 익는
아름다운 내 고향

-이원수, '고향' 에서

음반 녹음을 앞두고 《한국 동요 반 세기》《동요 애창 500곡집》 같은 자료를 뒤져 이원수 동요가 몇 곡쯤 있나 찾아보았습니다. 스무 곡이 채 안 된다는 것도 놀라웠지만 그 가운데 누구나 알 만한 노래가 '고향의 봄' '겨울 나무' '고향' 이렇게 세 곡뿐이라는 것도 놀랄 일이었습니다. 그 까닭이 무엇인지는 잘 모르지만 안타까운 일입니다. 이만한 시인이 어디 있다고.

겨울 내내 나는 홍대 앞 피카소 거리 콩나물국밥집 건너편에 새로 꾸며 놓은 작업실과 대림동에 있는 녹음실을 오가며 굴렁쇠아이들하고 이원수 동요를 녹음했고 1999년 여름, 〈어디만큼 오시나〉 〈누렁아, 울지 말고 나랑 같이 놀자〉는 제목으로 음반 두 장과 노래책을 냈습니다. 다들 살기 어렵다고 하던 때였습니다.

아이들은 음악을 좋아하고 아이들 마음 안에는 늘 시와 노래가 출렁이지만 어떻게 된 일인지 요즈음에는 우리 아이들이 부를 만한 참다운 아이들 노래가 그다지 많아 보이지 않습니다.

아름다운 노래는 아름다운 마음을 꽃피울 작은 씨앗이고, 아름다운 마음은 아름다운 세상을 꽃피울 고운 씨앗이지요.

이원수 동요에는 이런 씨앗들이 잔뜩 들어 있습니다.

좋은 세상으로 가는 길이 숨어 있습니다.

좋은 노래가 가득한 세상이 정말 좋은 세상이겠지요.

-백창우, '이원수 동요 콘서트-누렁아, 울지 말고 나랑 같이 놀자' 안내장에서

음반이 나온 뒤 몇 달 동안 나는 우리 나라 곳곳을 돌아다니면서 사람들을 만나 이원수 동요를 함께 부르며 이원수 동요가 가진 아름다움과 소중함에 대해 이야기를 나누었습니다.

이듬해 겨울에는 '예술의 전당'에서 닷새 동안 이원수 동요 음악회를 모두 열한 번 가졌습니다. '백창우 아저씨와 굴렁쇠아이들이 함께 꾸민 이원수 동요 음악회-누렁아 울지 말고 나랑 같이 놀자'가 그것이지요. 여러 음악 친구들이랑 '녹색 예술 모임 금수강산' 친구들이 공연을 도와주었습니다. 우리 옷을 만드는 돌실나이에서는 공연에 쓸 옷을 그냥 주었고, 보림 출판사에서는 포스터랑 안내장을 만들어 주었습니다. 음향사인 '빛과 소리' 친구들은 싼 값에 음향을 맡아 주었고, 월간 〈어린이 문학〉 식구들은 날마다 공연장에 나와 궂은일을 도와주었습니다.

표는 일주일 전에 다 팔렸고 우리는 열 번 갖기로 한 공연을 한 번 더 마련해 장애가 있는 아이들과 형편이 어려운 집 아이들을 초청해 함께 놀았습니다. '썰매'라는 노래를 할 때는 아이들 여럿이 무대 앞으로 나와 춤을 추었는데 그 가운데는 몸이 불편해 손과 발을 마음대로 움직일 수 없는 아이도 있었습니다. 이 노래들이 몸은 불편하지만 마음과 생각은 자유로워야 할 이 아이들을 조금이라도 환하게 해 주었을지, 조금이라도 따뜻하게 해 주었을지.

첫날 첫 공연 때는 이원수 선생님 식구들도 오셨지요. 첫 공연이라 가장 어설플 때 말입니다. 이원수 선생님 동화 '숲속 나라'를 떠올리면서 무대를 숲으로 꾸미고 굴렁쇠아이들은 다람쥐, 토끼, 부엉이, 곰, 호랑이로, 어른 악사들은 오리, 개구리, 벌레로, 나는 나무 아저씨로 나와 기타, 카주, 피아노, 하모니카랑 북, 장구, 꽹과리, 징, 바라, 해금, 대금, 피리랑 다듬이, 숟가락, 빨래판, 깡통, 밥그릇 따위를 두들기면서 '우는 소' '봄 시내' '고향 바다' '개구리' '해바라기' '햇볕' '겨울 물오리'를 불렀습니다. 참 행복했습니다. 노래라는 것이, 음악이라는 것이 우리 사는 것이랑 아주 가까운 것이라는 생각을 다시 했습니다.

요즘 공연을 다니다 보면 이원수 동요를 따라 부르는 아이들이 종종 있습니다. 어른들도 마찬가지고요. 이원수 동요를 아이들에게 들려주고 가르쳐 주는 선생님들도 많이 만납니다. 1920년대에 창작 동요가 새로 나오면 입에서 입으로 전해져 부르던 것처럼 이원수 동요도 교과서나 방송을 통해서가 아니라 입에서 입으로 전해지는 힘이 더 크다는 것을 느낍니다. 더 기분이 좋은 것은 아이들 못지않게 어른들이 이원수 동요를 좋아한다는 것입니다. 언젠가 이원수 선생님이 쓴 글 한 토막이 생각납니다.

"어른스러운 어린이가 되지 말고, 장래에도 어린이다운 어른이 되자."

나도 어른이 되어 참 많이 망가졌지만, 이원수 동요를 품고 살다 보면 아이의 마음을 되찾게 될는지도 모르지요. 좋은 세상이 어디 좋은 마음 없이 올라고요.

키 대보기

윤석중 시 · 백창우 곡
C
Em
C
Em
누 구 키 가 더 큰 가 어 디 한 번 대 보 자
C
Em
C
Em
올 라 서 면 안 된 다 발 을 들 면 안 된 다
F
G
C
G
C
똑 같 구 나 똑 같 애 내 일 한 번 대 보 자

깊은 노래 우물을 가진 사람, 윤석중

윤석중은 참 놀라운 사람입니다. 마음 안에 엄청나게 깊은 노래 우물을 갖고 있는 모양입니다. 어쩌면 이렇게 우리 말을 맛있게 쓰는지 모르겠습니다.

내가 어려서부터 지금까지 한결같이 좋아하는 동요 가운데 여러 곡이 윤석중이 쓴 동요입니다. '고추 먹고 맴맴' '기찻길 옆' '낮에 나온 반달' '옥수수 하모니카' '달 따러 가자' '달맞이' '고향 땅' '우산' …….

아버지는 나귀 타고 장에 가시고
할머니는 건너 마을 아저씨 댁에
고추 먹고 맴맴
달래 먹고 맴맴

-윤석중, '고추 먹고 맴맴' 에서

기찻길 옆 오막살이
아기 아기 잘도 잔다
칙칙폭폭 칙칙폭폭

기차 소리 요란해도
아기 아기 잘도 잔다

-윤석중, '기찻길 옆' 에서

아가야 나오너라 달맞이 가자
앵두 따다 실에 꿰어 목에다 걸고
검둥개야 너도 가자 냇가로 가자

-윤석중, '달맞이' 에서

이슬비 내리는
이른 아침에
우산 셋이 나란히
걸어갑니다

파랑 우산
깜장 우산
찢어진 우산

좁다란 학교 길에
우산 세 개가
이마를 마주 대고
걸어갑니다

-윤석중, '우산 1'

이 밖에도 사람들이 알 만한 동요가 많이 있지요.

북쪽으로 가면 백두산
남쪽으로 가면 한라산
우거진 수풀 바람 막아 주는
정다운 산, 우리 산

–윤석중, '우리 산 우리 강' 에서

퐁당퐁당 돌을 던지자
누나 몰래 돌을 던지자

–윤석중, '퐁당퐁당' 에서

산 위에서 부는 바람 서늘한 바람
그 바람은 좋은 바람 고마운 바람

–윤석중, '산바람 강바람' 에서

나리 나리 개나리
입에 따다 물고요

–윤석중, '봄나들이' 에서

지구는 둥그니까 자꾸 걸어나가면
온 세상 어린이를 다 만나고 오겠네

–윤석중, '앞으로' 에서

또 해방 뒤 첫 동요라는 '새 나라의 어린이', 해마다 어린이날이면 목청껏 부르던 '어린이날 노래', 졸업식날이면 괜히 눈물 찔끔거리면서 부르던 '졸업식 노래', 그리고 외국 노래에 노랫말을 붙인 '리자로 끝나는 말' '옹달샘' '기러기' '뻐꾸기' …….

참 끝도 없습니다. 어떤 사람은 천 편도 넘는 윤석중 동요를 보고 '천편일률' 이라고 말하기도 하지만 나는 그 안에 보물이 숨어 있다고 생각합니다. 윤석중 시 가운데 내가 보물처럼 여기는 시는 '우리 집' 이라는 시인데, 마침 그 시에 곡을 붙인 노래가 눈에 띄지 않길래 그냥 내가 노래를 붙여 가끔 혼자 부르고는 합니다.

눈을 감고도
찾아갈 수 있는 우리 집.
목소리만 듣고도 난 줄 알고
얼른 나와
문을 열어 주는 우리 집.
조그만 들창으로
온 하늘이
다 내다뵈는 우리 집.

-윤석중, '우리 집'

이 노래를 부르다 보면 어릴 적 온 식구가 모여 살던, 작은 우물이 있는 그 집이 되살아나고 내 마음이 콩닥콩닥 뛰기 시작합니다. 이제 곧 집에 들어서면 누렁이가 반갑게 달려나오고 우물가 작은 꽃밭을 손질하던 아버지가 "왔니?" 하실 것만 같습니다. 어느새 콧등이 시큰해지고 마음이 행복했다 쓸쓸했다 합니다.

나는 한때 윤석중이 우리 말이 가진 재미에만 빠져, 정작 아이들 삶을 놓치고 있는 것은 아닌가, 아이들 삶의 다른 쪽을 못 보고 있는 것은 아닌가, 하는 생각을 했습니다. 그렇지만 그것도 어쩌면 세상 사람들이 그렇게 몰아간 것인지도 모릅니다. '짝짜꿍' 이라는 노래 하나만 봐도 그렇습니다.

엄마 앞에서 짝짜꿍
아빠 앞에서 짝짜꿍
엄마 한숨은 잠자고
아빠 주름살 펴져라.

들로 나아가 뚜루루
언니 일터로 뚜루루
언니 언니 왜 울우.
일하다 말고 왜 울우.

우는 언니는 바보
웃는 언니는 장사
바보 언니는 난 싫어.
장사 언니가 내 언니

햇님 보면서 짝짜꿍
도리 도리 짝짜꿍
울든 언니가 웃는다.
눈물 씻으며 웃는다.

-윤석중, '울든 언니 웃는다'

1929년 8월 27일 〈조선일보〉에 실린 윤석중의 동시 '울든 언니 웃는다' 가 뒷날 교과서에 실리면서는 2, 3절이 빠지고 4절 끝 두 줄이 "우리 엄마가 웃는다 / 우리 아빠가 웃는다"로 바뀌어 있습니다. 본디 이 노래는 그저 밝고 명랑하기만 한 노래가 아닌데 이렇게 바꿔 놓으니 느낌이 보통 다른 것이 아닙니다.

윤석중 동요 대부분이 낙천적이고 밝은 빛깔을 갖고 있기는 하지만, 그래서 어쩌면 그런 점이 교과서 편찬 의도와 잘 맞아떨어져 많은 노래가 교과서에 실리고 널리 부르게 된 것일 수도 있지만, 윤석중이 쓴 초기 작품들을 살펴보면 본디 이 시인이 그렇게 한쪽 빛깔만 갖고 있었던 것은 아닌 듯합니다.

팥되나 먹을 데 신작로 나고
쌀되나 먹을 데 철로길 되네.
아리랑 아리랑 아라리요
이 땅엔 거지만 늘어간다.

초가집 팔려서 기와집 되고
기와집 헐려서 벽돌집 되네.
아리랑 아리랑 아라리요
길 가는 보따리 늘어간다.

–윤석중, '거지 행진곡'에서

8월에도 보름달엔 달이 밝건만
우리 언니 공장에서 밤일을 하네.

공장 언니 저녁밥을 날러다 주고
휘파람 불며불며 돌아오누나.

–윤석중, '휘파람'

딸랑, 딸랑, 딸랑
딸랑, 딸랑, 딸랑

동맹파업하고 나온 우리 언니가
돌리라는 광고외다, 어서 받읍쇼.

쉬, 쉬
펴들지 마세요, 바지 속에 넣으세요.

저네들이 봤다가는 아니 됩니다.
아니 되구 말구요, 야단나지요.

-윤석중, '언니 심부름' 에서

피도 조선 뼈도 조선 이 피 이 뼈는
살어 조선 죽어 조선 네 것이로다.

-윤석중, '조선 아들 행진곡' 에서

해방 뒤 윤석중 작품에서는 이런 글을 찾아보기가 힘들지만, 해방되기 전에는 이렇듯 우리 삶과 우리 땅 현실이 배어 있는 시를 여러 편 찾을 수 있습니다. 윤석중이 해방 뒤에 왜 '교과서 동요'의 틀 속에 갇히게 되었는지는 잘 모르지만 그것 때문에 그 앞의 또 다른 작품들까지 덮어 버려서는 안 될 것입니다.

윤석중 시가 좋은 까닭은 우리 말을 쉽고 맛있게 쓰기 때문입니다. 그리고 또 하나 우리 전래 동요가 가진 내용과 틀을 시 속으로 가져온 것도 참 눈여겨볼 만하지요. 잘 알려진 노래 가운데 일본 창가 틀인 7·5조 노래가 여럿 있어('달맞이' '어린이날 노래' '옥수수 하모니카' '달 따러 가자' '산바람 강바람' 따위 말입니다) 이런 것이 돋보이지 않을 수 있지만, 가만 살펴보면 전래 동요를 바탕으로 쓴 시가 꽤 많이 있다는 것을 알 수 있습니다.

머이 머이 둥그냐.
보름달이 둥글지.

머이 머이 둥그냐.
누나 얼굴이 둥글지.

–윤석중, '누나 얼굴'

바람아 바람아 불어라.
배꽃아 배꽃아 떨어져라.

–윤석중, '배꽃' 에서

비야 비야 오지 마라.
우리 마을 떠나갈라.

–윤석중, '큰 장마' 에서

어디만큼 가니?
십 리 만큼 간다.
모두 나와 뜀뛰기.
멀리 멀리 뜀뛰기.

–윤석중, '뜀뛰기' 에서

위에 보기로 든 시 말고도 '어깨동무' '숨바꼭질' '동대문 놀이' '잠자리' '맴맴' '밤 한 톨이 떽떼굴' 처럼 전래 동요를 바탕으로 쓴 시가 썩 맛있습니다. 생각난 김에 내가 '우리 집' 만큼 좋아하는 시 '소' 에도 노래를 붙여 봐야겠습니다.

암만 배가 고파도
느릿느릿 먹는 소.

비가 쏟아질 때도
느릿느릿 걷는 소.

기쁜 일이 있어도
한참 있다 웃는 소.

슬픈 일이 있어도
한참 있다 우는 소.

–윤석중, '소'

꼭 내 노래 같습니다. '소' 자리에 '나'를 넣어도 노래가 그럴듯합니다. 내 이름 '백창우'도 고집 센 소라는 뜻 아닌가요.

동네 의원

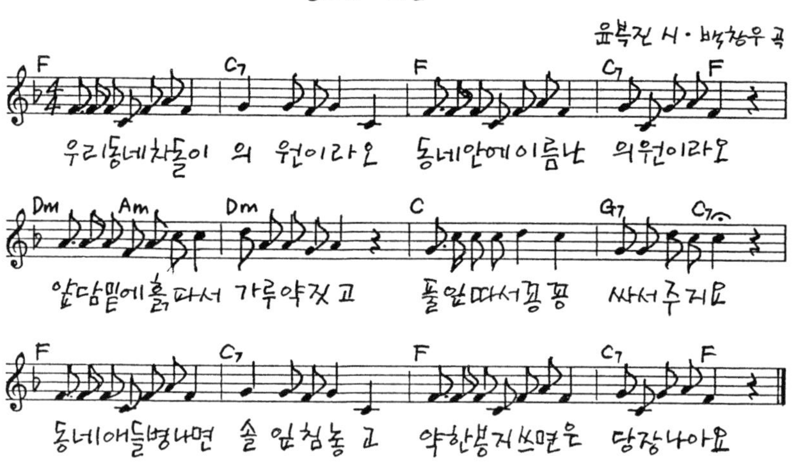
윤복진 시 · 백창우 곡
F C7 F C7 F
우리동네차돌이 의 원이라오 동네안에이름난 의원이라오
Dm Am Dm C G7 C7
앞담밑에흙파서 가루약짓고 풀잎따서꽁꽁 싸서주지요
F C7 F C7 F
동네애들병나면 솔 잎침놓고 약한봉지쓰면은 당장나아요

소리 내 읽으면 그대로 노래가 되는 윤복진 동요

1

흙날마다 굴렁쇠아이들하고 하는 '그냥 우리끼리 하는 노래 교실' 에서 윤복진 동요에 곡을 붙인 '딸꼭질' 이라는 노래를 새로 익혔습니다. 딸꼭질이 모두 서른여섯 번이나 나오는 노래입니다.

노래를 만들면서 둘째 연에 나오는 '실패' 라는 말을 아이들이 잘 알아들을까 걱정했는데 초등학교 2학년인 작은굴렁쇠 미진이가 그것이 무슨 뜻인지 얼른 말해 줘서 마음을 놓았습니다, 딸꼭.

딸꼭, 딸꼭, 딸—꼭
딸꼭, 딸꼭, 딸—꼭
아장아장 애기가
딸꼭, 딸꼭, 딸—꼭
맘마 맘마 먹다가
딸꼭, 딸꼭, 딸—꼭.

딸꼭, 딸꼭, 딸—꼭
딸꼭, 딸꼭, 딸—꼭

엄마 실패 훔쳤나.
딸꼭, 딸꼭, 딸—꼭
누나 실패 훔쳤나.
딸꼭, 딸꼭, 딸—꼭.

딸꼭, 딸꼭, 딸—꼭
딸꼭, 딸꼭, 딸—꼭
찬물 한 술 먹어도
딸꼭, 딸꼭, 딸—꼭
젖 한 모금 먹어도
딸꼭, 딸꼭, 딸—꼭.

-윤복진, '딸꼭질'

1997년에 창작과비평사에서 나온 윤복진 동요집 《꽃초롱 별초롱》에는, 1949년에 처음 나온 《꽃초롱 별초롱》에 실린 동요 마흔네 편 전부와, 엮은이 원종찬이 여러 신문, 잡지에서 가려 뽑은 동요 마흔일곱 편이 함께 실려 있습니다. 모두 아흔한 편 가운데 열 개 가까이는 전래 동요의 틀과 말투를 살려 쓴 것들인데 나는 그것이 가장 좋습니다.

'뱅글뱅글 돌아라' 를 보면서는 전래 동요 "고추 먹고 맴맴 담배 먹고 맴맴 / 앞집도 돌고 뒷집도 돌고"를 떠올렸고, '나무 없다 부엉 양식 없다 부—엉' 을 보면서는 "떡 해 먹자 부엉 / 양식 없다 부엉" 하는 전래 동요를 생각했습니다. '숨바꼭질' 같은 시는 전래 동요에 많이 있는 숨바꼭질 노래와 너무 똑같아 깜짝 놀랐습니다. 전래 동요 한 토막을 그대로 다시 시로 쓴 것인지, 아니면 윤복진이 쓴 시가 전래 동요 속으로 들어간 것인지 한번 살펴봐야겠습니다.

윤석중 동시에도 그런 게 있고 강소천 동시에도 그런 게 있지요. 전래 동요

"호박꽃을 따서는 / 무얼 만드나 / 우리 아기 조고만 / 촛불 켜 주지" 하고 강소천 동시 '호박꽃 초롱' 을 견주어 봐도 둘이 참 비슷합니다. 어쨌든 윤복진 동요는 쉬우면서도 소리 내 읽을 때 우리 말맛이 살아나 참 좋습니다. 요즘 동시는 '눈으로 보는 시' 가 많은데 말입니다.

문풍지가 붕, 붕, 붕, / 문구멍이 숭, 숭, 숭, ('우리 집 군악대' 에서)

곱다란 풍경이 / 바람에 흥겨워 / 짱그랑, 짱그랑. ('풍경' 에서)

호박만 한 참외를 / 혼자 먹겄다. // 버석버석 껍데기째 / 잘도 먹겄다. ('총각 마차꾼' 에서)

까까집 가는 길에 / 망망이가 한 마리, ('까까집 가는 길' 에서)

앞집에 꼬꼬는 / 염치도 없지, // 봉숭아 꽃 봉지 / 똑 따 가지곤, // 울타리 밑으로 / 소루루 빠져, ('꼬꼬 1' 에서)

다풀다풀 망아지 ('망아지' 에서)

소낙비가 내립니다 / 앞내에서 소쿠리로 / 고기 잡던 내 동생은 / 소쿠리를 덮어쓰고 / 깡둥깡둥 달려오네. ('소낙비' 에서)

할버지 안경은 / 돋보기 안경 / 두 눈을 뜨고도 / 꿈꾸는 안경 / 콧등에 걸고서 / 들여다보면 / 하늘 땅 어리리 / 꿈 같아 뵈어요. ('할버지 안경' 에서)

아쉬운 게 있다면, 그때에는 그것이 유행인지는 몰라도 일본 창가 풍인 7·5조 시가 꽤 많다는 것과, 또 토박이말과 풍경이 잘 살아 있는 데 견주어 너무 이야기가 없다는 점입니다. 어떻게 보면 조금 다른 윤석중을 보는 듯합니다.

달랑 달랑
당나귀
점잔 피더라,

아주 아주
제 꼴에
점잔 피더라.

쫄랑쫄랑
강아지
마구 덤벼도,

옆눈 한번
안 보고
지나가더라.

-윤복진, 「당나귀」

구멍가게 송첨지
한잠 들었네.

꾸벅꾸벅 졸다가
한잠 들었네.

지붕 위에 고양이
살짝 내리네.

팔뚝만 한 명태를
물고 나가네.

구멍가게 송첨지

한잠 들었네.

꾸벅꾸벅 졸다가
한잠 들었네.

-윤복진, '구멍가게'

그렇지만 즐겁습니다. 윤복진 동요를 흥얼거리는 일은 참 즐겁습니다. '당나귀' 나 '구멍가게' 같은 시를 보고 어떻게 즐겁지 않을 수 있을까요. 이런 시를 보고 어떻게 노래하지 않을 수 있을까요.

2

나는 어렸을 때부터 하모니카 소리를 참 좋아했습니다. 그래서인지 내가 만드는 음반에는 꼭 하모니카 소리가 나오지요.

지금도 나는 이따금 어렸을 때 좋아하던 '옥수수 하모니카' (윤석중 시, 홍난파 곡)를 흥얼거리고는 하는데, 하모니카 때문에 이 노래를 좋아하게 된 것인지 이 노래 때문에 하모니카를 좋아하게 된 것인지는 잘 모르겠습니다.

내가 어려서부터 틈틈이 불던 하모니카를 그만 불게 된 것은 하모니카 연주자인 이혜봉 할아버지 때문입니다. 언젠가 그분을 가까이에서 본 적이 있는데 성한 이가 하나도 없었습니다. 아이쿠, 잘못하다가는 나도 이가 남아나지 않겠다 싶어 그때부터 하모니카 부는 것을 그만두었습니다. 그분처럼 평생 열심히 불 것도 아니면서 말이지요.

욕심쟁이 작은오빠 하모니카는
큰아저씨 서울 가서 사 보낸 선물
작은오빠 학교 갔다 집에 오면요
하모니카 소리 맞춰 노래 불러요

도레미파 솔라시도 불고서는
도미솔도 도솔미도 재미난대요

욕심쟁이 작은오빠 학교 갈 때엔
나 모르게 하모니카 숨겨 두지요
우리 우리 어머니가 오빠 없을 때
서랍 속의 하모니카 찾아 주어요
도레미파 솔라시도 내가 분 줄은
도미솔도 도솔미도 누가 아나요

-윤복진, '하모니카'

1930년대 유성기 음반으로 녹음된 동요들을 듣다가 윤석중의 '옥수수 하모니카' 랑 가락이 똑같은 동요가 있어 깜짝 놀라 살펴보니 윤복진이 노랫말을 쓴 '하모니카' 라는 노래입니다.

한 시에 가락이 다른 노래는 여럿 있지만, 한 가락에 노랫말이 둘인 경우는 흔치 않아 뒤져 보니, 본디 윤복진이 쓴 '하모니카' 가 먼저 나왔는데 윤복진이 월북한 뒤 이 노래가 금지되었고, 뒤에 이 노래를 아까워한 윤석중이 '옥수수 하모니카' 라는 제목으로 새로 노랫말을 붙인 것이라고 합니다. 그러니 일제 시대를 겪은 사람이 아니라면 윤복진이 쓴 노랫말을 모를 수밖에요.

북녘에서 나온 《조선 노래 대전집》에는 윤복진의 '하모니카' 가 그대로 실려 있습니다.

남과 북이 나누어지는 바람에 노래 하나를 잃고 다른 노래 하나를 얻은 셈입니다.

우리 아기 불고 노는 하모니카는
옥수수를 가지고서 만들었어요

옥수수 알 길게 두 줄 남겨 가지고
우리 아기 하모니카 불고 있어요
도레미파 솔라시도 소리가 안 나
도미솔도 도솔미도 말로 하지요

-윤석중, '옥수수 하모니카'

아, 그러고 보니 한 가락에 노랫말이 다른 노래가 또 하나 생각나네요. 윤복진 시에 박태준이 곡을 붙인 '가을밤' 이란 노래입니다.

울밑에 귀뚜라미 우는 달밤에
길을 잃은 기러기 날아갑니다.
가도 가도 끝없는 넓은 하늘로
엄마 엄마 찾으며 흘러갑니다.

오동잎이 우수수 지는 달밤에
아들 찾는 기러기 날아갑니다.
엄마 엄마 울고 간 잠든 하늘로
기럭 기럭 찾으며 흘러갑니다.

-윤복진, '가을밤'

이 노래도 '하모니카' 가 그랬던 것처럼 금지되어 부를 수 없게 되자 제목과 가락은 그대로 두고 노랫말만 새로 붙여 널리 알려지게 되었지요. 노랫말을 새로 썼다고는 하지만 주제나 정서가 윤복진 시를 바탕으로 쓴 듯 보이지요.

가을밤 외로운 밤 벌레 우는 밤
초가집 뒷산길 어두워질 때

엄마 품이 그리워 눈물 나오면
마루 끝에 나와 앉아 별만 셉니다

가을밤 고요한 밤 잠 안 오는 밤
기러기 울음소리 높고 낮을 때
엄마 품이 그리워 눈물 나오면
마루 끝에 나와 앉아 별만 셉니다.

-이태선 시, 박태준 곡, '가을밤'

이 노래는 또 얼마 뒤 포크 가수 이연실이 노랫말을 새로 붙여 '찔레꽃' 이란 제목으로 음반에 싣기도 했지요.

엄마 일 가는 길에 하얀 찔레꽃
찔레꽃 하얀 잎은 맛도 좋지
배고픈 날 가만히 따 먹었다오
엄마 엄마 부르며 따 먹었다오

밤 깊어 까만데 엄마 혼자서
하얀 발목 바쁘게 내게 오시네
밤마다 꾸는 꿈은 하얀 엄마 꿈
산등성이 너머로 흔들리는 꿈

-이연실, '찔레꽃'

그런데 재미있는 것은, 이연실이 쓴 '찔레꽃' 노랫말이 이원수가 1930년에 발표한 '찔레꽃' 이란 시하고 꽤나 닮았습니다. 그 사람만이 알 일이겠지만 내 생각에는 이원수의 '찔레꽃' 을 읽고 이 노랫말을 쓴 것처럼 보입니다.

찔레꽃이 하얗게 피었다오.
누나 일 가는 광산 길에 피었다오.
찔레꽃 이파리는 맛도 있지.
배고픈 날 가만히 먹어 봤다오.
광산에서 돌 깨는 누나 맞으러
저무는 산길에 나왔다가
하얀 찔레꽃 따 먹었다오.
우리 누나 기다리며 따 먹었다오.

-이원수, '찔레꽃'

이렇듯 시 하나가 또 다른 시 하나를 낳기도 하고, 노래 하나가 또 다른 노래 하나를 낳기도 합니다. 윤복진 노래 하나를 떠올리다 그만 생각이 꼬리에 꼬리를 무네요. 이런 날이 있습니다.

산울림

윤동주 시 · 백창우 곡
Eb Cm Fm7
까 치 가 울 어 서 산 울 림 -
Eb Cm Eb
아 무 도 못 들 은 산 울 림 -
Eb Cm Fm7
까 치 가 들 었 다 산 울 림 -
Eb Cm Eb
저 혼 자 들 었 다 산 울 림 -

내 마음에 노래의 씨를 뿌려준 사람, 윤동주와 윤일주

1

1983년인가 1984년쯤일 것입니다. 날마다 사람들이 감방을 드나들던 어수선한 깜깜 나날에 '빼앗긴 들에도 봄은 오는가' 라는 노래굿을 짠 일이 있습니다. 나라를 빼앗긴 일제 암흑기에 몸으로, 시로 대항했던 민족 시인들과 그 반대편에 섰던 친일 시인들, 그리고 이쪽도 저쪽도 아니었던 시인들 이야기를 세 축으로 꾸민, 네 시간 가까이 걸리는 긴 판굿이었지요. 여기에는 〈동아일보〉〈중외일보〉〈조선일보〉에 투고한 무명 시인들의 항일시도 여러 편 나오는데 거의 다 동요시의 모습을 하고 있습니다.

콩나물죽
후룩후룩
먹으며
아버지 생각하였다.
우리 아버지
돌아오시면
죽 안 먹으려니 하고.

-이욱정, '콩나물죽'

내일은 북간도로
길 떠나는 날
세간을 다 팔아도
여비 모자라
검둥이마저 팔아
돈 받았지요.

-신기순, '북간도' 에서

고무 공장 큰 굴뚝 거짓말쟁이
뛰 하고 고동은 불어 놓고는
우리 엄만 아직도 보내지 않고
시치미를 뚝 떼고 내만 피지요

-한태천, '공장 굴뚝'

아무 때나 공장 뛰—는
듣기 싫어요.
호랑이 울음처럼
가슴 놀래요.

불쌍한 우리 언니
눈 온 새벽도
공장 뛰— 불면은
울며 갑니다.

공장 뛰— 불면은
불쌍한 언니

오나 하고 기다리다
속는답니다.

-안송, '공장 뒤-'

'절명시' (황현), '한 나라 생각' (신채호), '님의 침묵' (한용운), '이별의 노래' (김광섭), '십자가' (윤동주), '그 날이 오면' (심훈), '광야' (이육사), '빼앗긴 들에도 봄은 오는가' (이상화), '논개' (변영로), '개나리꽃' (이원수), '감자꽃' (권태응), '사냥꾼' (한인현)…….

오윤의 판화와 이중섭의 '달과 까마귀' 가 붙어 있던 성남 감나무골 옥탑방에서 밤마다 시에 노래를 붙이면서 내가 가야 할 길, 내가 만들어야 할 노래를 생각했습니다. 노래의 몸, 그 걸음과 숨과 빛깔을 생각했습니다. 그 생각의 한켠에서 나는 늘 윤동주의 '십자가' 를 흥얼거렸습니다.

쫓아오던 햇빛인데
지금 교회당 꼭대기
십자가에 걸리었습니다.

첨탑이 저렇게도 높은데
어떻게 올라갈 수 있을까요

종소리도 들려오지 않는데
휘파람이나 불며 서성거리다가,

괴로웠던 사나이,
행복한 예수 그리스도에게
처럼

십자가가 허락된다면

모가지를 드리우고
꽃처럼 피어나는 피를
어두워가는 하늘 밑에
조용히 흘리겠습니다.

–윤동주, '십자가'

제5공화국 주제가라고도 할 수 있는 '아, 대한민국' 이라는 노래가 천지사방에 널리 퍼지던 때, 나는 성남 술집 거리 한복판에 있는 작은 공연장에서 노래마을과 함께 '그대 어느 어둠 앞에 서더라도 혼의 노래 잃지 않기를' 이라는 긴 제목의 공연을 가졌습니다. 그 공연의 첫 장면이 생각납니다. 객석과 무대를 비춘 불이 다 꺼지고 깜깜하게 한참을 있다가 사람들의 술렁거림이 잦아질 때쯤 멀리서부터 기차가 달려오는 소리가 들립니다. 소리가 점점 커지면 거기에 맞서 개 짖는 소리가 들리고 어두운 가운데 여기저기서 가수들이 반주도 마이크도 없이 나지막한 소리로 전래 동요 '타박네' 를 천천히 부르면서 무대로 나옵니다. 이렇게 시작하는 이 공연의 주제를 바로 윤동주의 시 '또 다른 고향' 에서 가져왔습니다. "지조 높은 개는 밤을 새워 어둠을 짖는다"가 그것이지요.

고향에 돌아온 날 밤에
내 백골이 따라와 한방에 누웠다.

어둔 방은 우주로 통하고
하늘에선가 소리처럼 바람이 불어온다.

어둠 속에 곱게 풍화작용하는
백골을 들여다보며
눈물짓는 것이 내가 우는 것이냐.
백골이 우는 것이냐.
아름다운 혼이 우는 것이냐.

지조 높은 개는
밤을 새워 어둠을 짖는다.

-윤동주, '또 다른 고향' 에서

하고 싶은 말 다 할 수 없고 부르고 싶은 노래 다 부를 수 없던 때였습니다. '아, 대한민국' 을 노동자들이 '악, 대한민국' 으로 바꿔 부르던 때였습니다. 내 작곡집이기도 한 〈노래마을 1집〉에 담으려 했던 노래 열두 곡 가운데 열한 곡이 사전 검열에 걸려 제 모습으로 나오지 못하던 때였습니다. 그 시절 나는 늘 윤동주 시집을 끼고 살았습니다. 열 몇 살 때 형 책꽂이에서 처음 만났던 그 파랗고 딱딱한 시집, 오른쪽에서 왼쪽으로 넘기면서 봐야 했던 시집이었습니다. 1955년, 윤동주 10주기에 정음사에서 펴낸 유고집 《하늘과 바람과 별과 시》 말입니다. 지금은 그 책이 내게 없지만 그이의 시는 아직도 내 몸 안에서 숨을 쉬고 있습니다.

산모퉁이를 돌아 논가 외딴 우물을 홀로 찾아가선 가만히 들여다봅니다.

우물 속에는 달이 밝고 구름이 흐르고 하늘이 펼치고 파아란 바람이 불고 가을이 있습니다.

-윤동주, '자화상' 에서

몇 해 전, 오래오래 흙길을 달려 윤동주가 나고 자란 북간도 집을 찾아가 조금 기울어진 나무 대문을 열고 그 집 쪽마루에 앉았을 때도 어디에선가 개가 짖었습니다. 진분홍 담배꽃이 핀 담배밭 너머에서 개가 짖었고 나는 그이의 얼굴과 시를 떠올렸습니다.

마당에는 자두나무가 여러 그루 있고 집 뒤로 살구나무와 자두나무가 있는 조그만 과수원이 있었다는데, 동쪽으로 난 쪽대문을 나서면 깊은 우물이 있고 그 옆에 큰 오디나무가 있었다는데, 우물가에서 바라보면 언덕 중턱에 교회당이 있고 그 옆 고목나무 위쪽에 종각이 있었다는데, 윤동주가 살던 어릴 적, 이 집에 개도 두 마리 함께 살았다는데…….

집 바로 옆 교회에 마련해 놓은 '명동 력사 전시관'에 들어가 보니 시집에서 자주 보던 윤동주의 해맑은 얼굴이 걸려 있고, 명동 학교를 세운 김약연의 유언 "나의 행동이 나의 유언이다"가 씌어 있고, 전시관 끄트머리에는 "역사는 인간을 깨우치는 솔직한 교과서입니다" 하는 글이 붙어 있습니다.

야트막한 산으로 둘러싸인 참 아늑한 동네입니다. 그이의 시 곳곳에 이 동네 풍경이 배어 있다는 것을 알게 되었습니다. 이 동네의 달과 우물과 나무와 시냇물이 숨쉬고 있다는 것을 말입니다.

2

윤동주는 동시를 꽤 여러 편 남겼습니다. 은진 중학 시절에 윤석중 동시에 빠져 있었던 것이나, 그이가 좋아한 시인 정지용이 시와 동시를 함께 쓴 것이 그 사람에게 동시를 쓰게 했는지도 모르겠습니다. 윤동주가 아이와 같은 마음을 지니고 있었다는 것은 그이의 시에서도 금방 알 수 있습니다.

> 순이가 떠난다는 아침에 말 못 할 마음으로 함박눈이 내려, 슬픈 것처럼 창 밖에 아득히 깔린 지도 위에 덮인다.
>
> -윤동주, '눈 오는 지도'에서

여기저기서 단풍잎 같은 슬픈 가을이 뚝뚝 떨어진다. 단풍잎 떨어져 나온 자리마다 봄을 마련해 놓고 나뭇가지 위에 하늘이 펼쳐 있다.

-윤동주, '소년' 에서

하얗게 눈이 덮이었고
전신주가 잉잉 울어
하나님 말씀이 들려온다.

-윤동주, '또 태초의 아침' 에서

"누나의 얼굴은 / 해바라기 얼굴 / 해가 금방 뜨자 / 일터에 간다 // 해바라기 얼굴은 / 누나의 얼굴 / 얼굴이 숙어지어 / 집으로 온다"는 '누나의 얼굴' 이란 노래의 노랫말이 윤동주 동시 '해바라기 얼굴' 이라는 것을 모르는 사람이 많습니다. 그런데 왜 '해바라기 얼굴' 이란 좋은 제목을 '누나의 얼굴' 로 바꾼 걸까요? 또 "태양을 사모하는 아이들아 / 별을 사랑하는 아이들아" 하는 노래도 윤동주의 '눈 감고 간다' 에서 노랫말을 따다 만든 노래지요.

윤동주가 열 살 무렵까지 집에서는 '해환' 이라고 불렸고 그 아래 동생들을 '달환' '별환' 으로 불렀다는 것을 얼마 전에야 알았습니다. 어떻게 그 아버지는 그 옛날에 해, 달, 별을 이름 첫 자에 넣어 부를 생각을 했는지.

처마 밑에
시래기 다래미
바삭바삭
추워요.

길바닥에
말똥 동그래미

달랑달랑
얼어요.

-윤동주, '겨울'

눈 위에서
개가
꽃을 그리며
뛰어요.

-윤동주, '개'

넣을 것 없어
걱정이던
호주머니는,

겨울만 되면
주먹 두 개 갑북갑북.

-윤동주, '호주머니'

나무가 춤을 추면
바람이 불고,
나무가 잠잠하면
바람도 자오.

-윤동주, '나무'

붉은 사과 한 개를
아버지, 어머니

누나, 나, 넷이서
껍질째로 송치까지
다— 나눠 먹었어요.

-윤동주, '사과'

이런 동시들이 윤동주의 시와 섞여 여러 자료에 담겨 있기는 했지만 따로 동시만을 모은 시집 《별을 사랑하는 아이들아》가 그이가 떠난 지 쉰 해가 다 되어서야 나왔다는 것이 참 놀랍습니다. 누구보다 아이들과 가까워야 할 시인인데 말이지요.

무덤 속에서도 열어 보고 싶은 창문이 있다
무덤 속에서도 불러 보고 싶은 노래가 있다

-정호승, '시인 윤동주지묘' 에서

스물아홉 해 동안 산 짧은 삶이었지만 그이의 시는 '하늘을 우러러 한 점 부끄럼이 없기를' 바라는 이에게 늘 새롭게 울려날 것입니다. 내 마음에 해 하나 뜹니다.

3

햇빛 따스한 언니 무덤 옆에
민들레 한 그루 서 있습니다.
한 줄기엔 노란 꽃
한 줄기엔 하얀 씨.

꽃은 따 가슴에 꽂고

꽃씨는 입김으로 불어 봅니다.
가벼이 가벼이
하늘로 사라지는 꽃씨,

—언니도 말없이 갔었지요.

눈 감고 불어 보는 민들레 피리
언니 얼굴 환하게 떠오릅니다.

날아간 꽃씨는
봄이면 넓은 들에
다시 피겠지.
언니여, 그때엔
우리도 만나겠지요.

–윤일주, '민들레 피리'

어려서 '달환'이라고 부르던 윤동주의 아우 윤일주도 열 몇 살 때부터 동시를 썼지만, 언니인 윤동주가 그랬던 것처럼 세상을 떠난 뒤에야 동시집 《민들레 피리》(1987, 정음사)가 나왔습니다. 혹, 언니에게 누가 될까 싶어 생전에 시집을 내지 않았는지도 모릅니다. 열 살 터울인 형에게 "언니, 언니" 하면서 따라다녔을 모습을 상상해 봅니다.

책벌레인 형 동주가 이제 열한 살인 아우 일주에게 김동인의 소설 《아기네》를 사 주기도 하고 서울에서 공부할 때도 다달이 잡지 〈소년〉과 강소천 동시집 《호박꽃 초롱》 같은 책들을 북간도 명동 집으로 부쳤다고 하는 것을 보면, 아우가 뒷날 형처럼 시를 사랑하고 시를 쓰게 된 것이 조금도 이상할 것이 없는 일이지요.

따가운 지붕엔
잎사귀를 덮고서
박 하나 쿠울쿨
잠을 자고

그늘진 토담 밑
매미가 우는데
나팔꽃 꼬옵박
잠을 자고

부채질 시원한
할머니 무릎엔
애기가 새액색
잠을 자고.

-윤일주, '낮잠'

돌다리를 건너면
키 큰 은행나무

은행나무 그늘엔
염소 한 마리

매애애 울면서
해 지는 오솔길에
누구를 기다리나.

-윤일주, '염소'

방울 방울 은방울
송아지 방울

엄마가 뛰어가면
같이 가자 딸랑딸랑.

방울 방울 은방울
송아지 방울

엄마가 서 있으면
젖 좀 달라 딸랑딸랑.

-윤일주, '송아지 방울'

토담 너머 하늘이 훤해지며 마지막 별이 가만히 사라집니다. 남새밭은 더 파래지고, 토담 밑엔 커다란 잎 사이로 호박꽃 노란 얼굴들이 내다봅니다.

'삐이걱', 쪽대문이 열리며 바구니 든 순이가 나옵니다. 순이는 호박 따러 나왔습니다. 잎사귀 밑에 누워 있는 토실토실한 애호박들.

이슬이 발을 적시고 또 치마에도 떨어집니다. 치마를 텁니다. 호박꽃 하나 흔들, 흰나비가 날아갔습니다. 순이는 치마폭 쥔 채 나비 가는 곳을 바라봅니다.

'나비가 지난밤에 우리 밭에서 잤구나' 순이는 생각하며 두 눈이 나비를 따릅니다. 나비는 토담을 넘고 지붕을 넘어 훨훨훨 날아 먼 하늘로 사라지고 하늘은 점점 환해집니다.

-윤일주, '이른 아침'

"내 마음에 노래의 씨를 뿌려 놓고 영영 가신 내 언니에게."

윤일주 동시집 첫머리에 있는 말입니다. 언니의 시도, 아우의 시도 어쩌면 그렇게 착한지 모르겠습니다. 내 마음에 달 하나 뜹니다.

감자꽃

자연과 아이들을 사랑한 시인, 권태웅

'벤허'를 만든 감독이 그랬다던가요, "신이여, 제가 정말 이 영화를 만들었습니까?" 하고 말입니다. 노래를 만들다 보면 이따금 어떻게 내가 이런 노래를 만들었지, 하는 마음이 들 때가 있습니다. 노래를 만든다는 것은 한 번도 가 보지 않은 길을 가는 것과 같습니다. 무엇을 만나게 될지, 어떤 가락과 장단 위에 내 몸이 놓이게 될지 미리 알 수 없지만 그 막막함과 설렘은 무엇과도 바꿀 수 없는 즐거움입니다.

좋은 시 속에는 노래의 길이 숨어 있습니다. 날마다 시의 숲에 머물 수 있다면 얼마나 좋을까요.

권태응 시 '감자꽃'에 노래를 붙여 부른 지가 한 스무 해쯤은 된 듯한데 이 짤막한 노래가 한 번도 질리지 않습니다. 부를 때마다 마음이 환해집니다. 이런 노래를 몇 개나 더 만들 수 있을까요.

혼자서 떠 헤매는
고추잠자리,
어디서 서리 찬 밤
잠을 잤느냐?

빨갛게 익어 버린
구기자 열매,
한 개만 따 먹고서
동무 찾아라.

-권태응, '고추잠자리'

북쪽 동무들아
어찌 지내니?
겨울도 한 발 먼저
찾아왔겠지.

먹고 입는 걱정들은
하지 않니?
즐겁게 공부하고
잘들 노니?

너희들도 우리가
궁금할 테지.
삼팔선 그놈 땜에
갑갑하구나.

-권태응, '북쪽 동무들'

지금 책상 위에 권태응 시인이 손으로 쓴 동시가 아홉 묶음이나 놓여 있습니다. 행복합니다. 청주에 사는 도종환 시인이 보내 주었는데, 모두 더하면 한 500쪽쯤 됩니다. 동시집 《감자꽃》에 실리지 않은 것도 많이 있습니다.

이 향기로운 시의 숲에서 노래 몇 개를 찾아 굴렁쇠아이들하고 함께 충주에서 하는 '권태응 문학 잔치'에 갔다 왔습니다. 아침에 권태응 선생님이 태어난 집에 모여 권태응 시인에 대한 이런저런 이야기를 듣고, 시인이 묻힌 팽고리산에도 가 보고, 시 맛보기 시간도 갖고, 어린이들이 자기가 쓴 시를 그림으로 그려 보는 시 그림 잔치도 가진 뒤에, 오후에는 충주 KBS 홀에 모여 동요제와 축하 공연을 했는데, 하루가 조금 빡빡했습니다.

자연과 아이들을 사랑한 시인을 기리는 잔치답게 동요제나 공연도 이런 큰 시멘트 집이 아니라 자연 속에서 할 수 있으면 참 좋을 텐데, 하는 생각이 들었습니다.

동요제를 보면서는 영 마음이 개운치 않았습니다. 어린이 합창단 아이들이 몇 번씩 옷을 갈아입고 잘 훈련받은 몸짓과 목소리로 들려준 권태응 동요도 그렇고, 동요 대회에 나온 아이들이 차려입은 드레스나 양복 따위 옷이나 몸짓, 말투, 그리고 말하듯 부르는 노래가 아닌 어른처럼 훈련된 소리들도 다 마음에 들지 않았습니다. 해마다 서울에서 열리는 창작 동요제를 그대로 빼닮았습니다. 자연 속에 사는 아이들을 노래한 시인 권태응과는 너무 어울리지 않아 보였습니다.

동요제 심사를 봐 줄 수 있느냐고 했을 때 한마디로 싫다고 한 것도 아이들 노래에 점수를 매기는 것이 옳은 일이 아니고, 대회 이름 붙은 것치고 제대로 된 아이들 노래를 만나기가 쉽지 않다는 생각에서였습니다. 지난해에도 'MBC 창작 동요제'랑 'EBS 창작 동요제' 심사를 한 뒤에 얼마나 기분이 안 좋고 찜찜했는지 모릅니다. 그게 그거인 뻔하디뻔한 동요, 고인 물처럼 한 군데만 머물러 있는 동요, 아이들의 삶도 마음도 생각도 느낄 수 없는 있으나 마나 한 동요는 이제 그만 들었으면 좋겠습니다.

고추밭에 갈 적에
건너는 또랑물.

찰방찰방 맨발로
건너는 또랑물.

-권태응, '또랑물' 에서

동네가 있는 곳엔
조모래기 있구요.
조모래기 노는 곳엔
노래가 있지요.

-권태응, '동네가 있는 곳엔' 에서

조무래기 아이들이 있는 곳 어디에도, 조무래기 아이들이 노는 곳 어디에도 늘 노래가 있었습니다. '노래가 있었다' 고 과거형으로 쓰는 데는 다 까닭이 있습니다. 한 스물 몇 해 전까지만 해도 참다운 아이들 놀이와 노래가 그런대로 살아 있었습니다. 몇천 개나 되는 전래 동요만 쓱 살펴봐도 금방 알 수 있습니다. 아마 내가 알고 있는 것보다 훨씬 더 많을 것입니다.

하지만 지금은 세상이 달라졌습니다. 달라져도 너무 많이 달라졌습니다. 좋아진 것도 많지만 나빠진 것이 더 많습니다. 제대로 된 노래가 없는 세상이 어떻게 좋은 세상일 수 있습니까? 날마다 세상을 망가뜨리고 있는 어른들이 문제입니다. 아이들이 불쌍합니다.

그래도 김녹촌 선생님은 그날 낮에 아이들이 쓴 시를 보여 주면서 좋은 글이 꽤 많다고, 아직 희망이 있다고 하셨습니다. 어른들이 아이들에게 자꾸 나쁜 물만 들이지 말고 그저 아이들이 마음껏 뛰어놀 수 있는 마당, 마음대로 생각하고 꿈꾸고 말할 수 있는 멍석만 곳곳에 펼쳐 놓을 수 있다면, 참다운 아이들 세상으로 다시 돌아갈 수 있다는 뜻일 테지요.

네모반듯하게 각이 진 시멘트 집에 갇혀 따로따로 사는 세상. 권태응 동요가 더욱더 소중하게 여겨지는 것은 그만큼 세상이 아름답지 않아서입니다.

그만큼 아이들 삶이 찌그러져 있어서입니다. 아이들이 잘 자라지 않으면 이 놈의 세상에 희망이 없기 때문입니다.

노래처럼 살고싶어

이오덕 시 · 백창우 곡

아이들 노래처럼 사는 고집쟁이, 이오덕

1

내 마음이 팍팍해 내 안에 아무 노래도 꼼지락거리지 않을 때, 나는 동네 똥개처럼 여기저기 쏘다니거나 방바닥에 엎드려 시를 읽습니다. 내 안에 다시 노래가 출렁이기를 꿈꾸면서 말입니다. 어떤 때는 두 달이고 석 달이고 노래 하나 만들지 못하고, 어떤 때는 몇 날 며칠 밤을 꼬박 새며 몸이 견디지 못할 때까지 열 곡이고 스무 곡이고 노래를 쏟아 냅니다. 그 '때'를 나는 모릅니다.

> 바보라도 좋아.
> 바보라도 좋아.
> 죽을 때까지 하늘 위에서
> 노래처럼 나는 살고 싶어.
>
> -이오덕, '포플러 3'에서

광화문 네거리에 있는 큰 책방에 들렀습니다. 책이 엄청나게 많습니다. 사람도 엄청나게 많습니다. 어린이 책 있는 데 가서 두 바퀴를 돌고 나서야 동시집이 꽂혀 있는 데를 찾았습니다. 책도 많지 않고 가장 한갓집니다. 동시 쓰는 사람이 별로 없는 것인지, 아니면 잘 팔리지를 않아 책을 만들지 않는 것인지, 아니면 좋은 동시도 많지 않고 동시를 읽는 사람도 많지 않아서인지 모르겠습니다. 한 시간쯤 뒤적거리다 그냥 나왔습니다. 돈도 굳고 마음도 굳었습니다.

집으로 돌아와 무엇을 읽을까 하고 책꽂이를 이리저리 살펴보다 오래전에 사서 아직까지 갖고 있는 이오덕 동시 선집 《개구리 울던 마을》을 꺼내 방에 엎드려 새벽까지 읽었습니다. 다시 읽어 보니 곳곳에 노래 씨앗이 숨어 있습니다.

〈김영동 · 슬기둥 노래집〉 음반에 있는 노래 '개구리 소리'의 원시도 바로 이 시집 안에 담겨 있습니다. 오래오래, 부르면 부를수록 맛이 나는 노래지요.

> 거뭇거뭇한 숲속에 앉아
> 퍼런 못자리 물속에 앉아
> 너는 울어라.
>
> 도랑물 흐르는 긴 둑을 따라
> 듬성듬성 포플러 서 있는 신작로를 따라
> 너는 울어라.

-이오덕, '개구리 소리 2'에서

> 이 비 개면
> 학교 가는 고갯길엔
> 버꾹채꽃이 피고
> 살구나무 푸른 잎 사이
> 새파란 열매들
> 쳐다보이겠다.

-이오덕, '이 비 개면'에서

호수에 잉어가 꼬리치듯
하늘에는 포플러가 살아간다.
파도 소리보다 더 찬란한 호흡으로
흐느끼며 헤엄치는
그 곁에 내가 서면
구부러진 허리가 죽 펴지고
겨드랑이에 푸른 날개가 돋는다.

-이오덕, '포플러1' 에서

개나리꽃 물고 오는
노랑 병아리
새로 받은 교과서의
아, 그 책 냄새 같은

봄아, 오너라.
봄아, 오너라.

-이오덕, '봄아, 오너라' 에서

교실에서 공부를 하다가
웬일인지 공부가 싫어졌다.
이놈의 공부
백점은 따서 뭘하나?
연필을 놓고
창밖을 보니 푸른 하늘
멀리 기차 소리가 들려온다.

-이오덕, '공부를 하다가' 에서

애들아, 조심해라.
우리 선생 아침부터 뿔났다.

-이오덕, '우리 선생 뿔났다' 에서

열어 주세요, 문을
저 푸른 하늘을
날아가게 해 주세요.

-이오덕, '열어 주세요' 에서

갑자기 온 들판에서
수천수만의 소리가 터졌다.

-이오덕, '개구리 소리1' 에서

까만 옷을 입고 다녀도
깨끗한 풀만 먹는 염소야,
깨끗한 물만 먹는 염소야,
너는 그래서 겨우 손가락만 한
뿔을 두 개 길렀느냐?

-이오덕, '염소' 에서

구기자밭에 불 났다.
불 끄러 가자.

여치들 콩 궈 먹다
불이 났단다.

책보자기 흔들어라.
동네 애들 모아라.

다람쥐집 다 털러
불 끄러 가자.

-이오덕, '구기자밭'에서

시집을 덮고 나니 내 안에 무엇인가가 꼬무락거립니다. 씨앗 하나 움트는 듯. 이런 날은 그냥 자지를 못합니다. 노래 하나라도 만들지 않고는 배기지를 못합니다. 다시 시집을 펼쳐 '구기자밭'이라는 시에 노래를 붙였습니다. 전래 동요 '나무 노래'에 나오는 "깔고 앉아 구기자나무"라는 구절이 떠올랐습니다.

2

내가 '이오덕'이란 이름을 처음 안 것은 그이가 농촌 아이들 시를 엮어 낸 《일하는 아이들》(1978, 청년사, 2002년 보리 출판사에서 다시 나왔다)을 만나게 되면서부터입니다. 열 몇 살 때부터 시 쓰는 재미와 노래 만드는 재미에 푹 빠져 있던 내게 이 책은 '새로운 세상'을 가르쳐 주었습니다.

오줌이 누고 싶어서
변소에 갔더니
해바라기가
내 자지를 볼라고 한다.
나는 안 비에 줬다.

-안동 대곡분교 3학년 이재흠, '내 자지'

소야,
여게 풀 많다.
여기서 먹어라.
소는 그래도 안온다.
소는 지 마음대로 한다.
소는 부엉이 소리가 나도
겁도 안 나는 게다.
사람 있는 데 안 온다.

-안동 대곡분교 3학년 김욱동, '소 먹이기'

새벽에
어머니하고
밥 하러 나가니
꾸정물 속에
별이
반짝반짝한다.
엄마, 저거 봐, 하니
별이 자꾸 반짝거린다.

-상주 공검초등학교 2학년 권이남, '별'

사람이나 새나 죽으면 불쌍하다.
우리가 새를 죽여도 불쌍하다.
새가 우리를 죽여도 불쌍하다.

-안동 대곡분교 2학년 이건직, '죽음'

지금까지도 나는 이 책을 제일로 칩니다. 이 시집보다 좋은 시집을 아직 못

봤습니다. 그래서 종이가 누렇게 바래고 겉장이 뜯겨 나간 이 책을 서른세 해째 보물처럼 품고 삽니다.

이 책에 있는 시에 곡을 붙인 첫 노래는 딱 열 마디짜리 짤막한 노래 '콩밭 개구리' 입니다. 나는 이 노래가 너무 마음에 들어 내 독집 음반에도 넣고, 공연 때도 참 많이 불렀습니다.

아이들이 콩밭 개구리를
잡아 가지고 산에 가서 구워 먹었다
소고기보다 맛이 좋다 한다
불쌍한 콩밭 개구리

-상주 청리초등학교 4학년 정정술, '콩밭 개구리'

《딱지 따먹기》(2002, 보리)에 담은 노래 가운데 '아기 업기' '연필' '사람이나 새나' '복숭아' '내 자지' '걱정이다' '해바라기가 참 착하다' '제비꽃' 이나, 2010년에 낸 이오덕 노래상자 《노래처럼 살고 싶어》에 실은 '이층매미' '소야' '새벽별' '자두' '참매미' '달구베실꽃' '코스모스' '눈아, 오지 마라' '오얏' '바람이 살랑' '호루루뱃쫑' '비 오다가 개인 날' 이 모두 《일하는 아이들》에 있는 시골 아이들 시에 붙인 노래들입니다. 노래를 만들어 놓고 아직 세상에 내놓지 않은 노래도 여러 곡이지요.

《일하는 아이들》을 만난 뒤 나는 농촌 아이들 산문을 모은 《우리도 크면 농부가 되겠지》(1979, 청년사), 그이가 쓴 《이 아이들을 어찌할 것인가》(1977, 청년사), 《시 정신과 유희 정신》(1977, 창작과비평사), 《삶과 믿음의 교실》(1978, 한길사), 그리고 시집 《개구리 울던 마을》(1981, 창작과비평사)을 이어서 읽었고, 《일하는 아이들》을 보며 짐작한 대로 이오덕이란 사람이 정말 '참다운 아이들 세상', '참다운 사람 세상' 을 꿈꾸는 사람이란 것을 알게 되었습니다.

《이 아이들을 어찌할 것인가》에 실린 첫 글 '노래를 잃은 아이들' 에 나오는

"요즘 아이들은 노래가 없이 자라고 있다.…… 그런데 아이들이 동요를 부르지 않는 것은 부를 노래가 없기 때문이기도 하다.…… 노래가 없이 자라나는 아이들, 유행가로 어른이 되고 있는 아이들, 이 아이들에게 과연 우리는 무엇을 기대할 수 있겠는가?"를 읽으며, 내가 어떤 노래를 만들어야 할지, 노래를 잃어 가는 아이들과 어른들에게 어떤 노래를 어떻게 나누어야 할지 깊이 생각하게 되었습니다.

이오덕 선생님은 노래를, 음악을 참 좋아했습니다. 고향을 떠나 부산에서 지내던 시절 작곡가 윤이상에게 피아노를 배우기도 하고, 시골 교사로 있을 때 십릿길이 넘는 학교 길을 걸어다니며 이런저런 동요나 스스로 만든 노래들을 늘 흥얼거리곤 하셨답니다.

그이의 시를 보면 '노래'란 말이 참 많이 나옵니다.

네 마음속에는 눈부신 노래.
오늘도 네 키만큼 아무도 몰래 자라난 노래.

-이오덕, '용이, 너의 소매에서'에서

너를 볼 때마다 노래가 나온다.
야무지게 다물었던 입에서 노래가 나온다.

-이오덕, '가로수 포플러'에서

언젠가 한 번은 나도 그 바다에 갈 것입니다.
나는 그 바다를 생각하며
오늘도 산 하나를 넘었습니다.
노래를 부르며 하늘을 바라보며
오늘 하루를 살았습니다.

-이오덕, '바다 - 언젠가 한 번은'에서

너희들의 노래로
허물어진 흙담 앞에 서 있는
해바라기의 씨앗 속에
별빛 희망이 여물고,

너희들의 노래로
달개비꽃의 가난한
행복이 피어나고,

-이오덕, '벌레 소리' 에서

노래나 불러 볼까,
내 멋대로의 노래.

-이오덕, '벌 청소' 에서

갑자기 나도 매미처럼
목숨을 태우고 싶다.

이글이글 타는 햇빛 속에서
불같은 노래를 부르고 싶다.

-이오덕, '말매미' 에서

십릿길 읍내 장에 나물을 팔고
자갈돌을 밟으며 돌아오시는 어머니
빈 광주리에는 너의 노래가 담겼다.
온몸에 너의 노래를 감고 오신다.

-이오덕, '개구리 소리2' 에서

캄캄한 밤일수록
노래는 아름다워

-이오덕, '노래하는 별들' 에서

아, 하늘 가득히
노래처럼
눈이 내리네.

-이오덕, '눈2' 에서

선생님이 흥얼거리던 노래들을 악보로 채보도 하고 녹음도 해 봤으면 좋았을 텐데 그러지 못한 게 마음에 걸립니다. 언제까지고 우리 곁에 계실 거라고 생각했던 걸까요.

몇 해 전, 아이들 시에 붙인 노래를 음반과 시노래 그림책으로 만들겠다고 했을 때 그렇게 좋아하셨는데, 노래를 만들기 위해 조금 고치거나 새로 덧붙인 노랫말을 꼼꼼히 살펴보시고 하나하나 세심하게 짚어 주셨는데, 그게 나올 때엔 북돋는 말 대신 네 쪽이나 되는 긴 시를 새로 써서 보내 주셨는데.

애들아, 불러라 너희들의 노래를
사람은 누구든지 제 목소리로 자라난단다.
나도 너희들의 노래를 부르면서
어린아이로 살고 싶단다.

-이오덕, '얘들아, 너희들의 노래를' (《딱지 따먹기》 추천하는 말에서)

옛 어른들 말씀에, 노래는 '참말' 이라고 했습니다. 참다운 말, 참다운 글, 참다운 시, 참다운 노래 없이 '좋은 세상' 은 어림도 없겠지요. '낮이면 새들의 노래를 들으면서 일하고, / 밤이면 강아지와 고양이와 노루며 토끼들, / 멧돼지와 여우와 까마귀며 꿩들, / 모두 한 자리에서 고운 꿈을 꾸는' 세상, 사람도 '한 송이 꽃같이 한 마리 벌레같이 / 아름다와질' 그런 세상은 그냥 오는 게 아니겠지요.

아, 이 손
이 손으로 나는
무엇을 할까?
무엇을 해야 할 텐데
무엇을 꼭 해야 할 텐데……

-이오덕, '두 손으로' 에서

그렇다,
나는 사랑해야지
담 밑에 피어날
그 조그만 풀싹들을.

-이오덕, '나는 사랑해야지' 에서

풀, 꽃, 나무, 강아지, 토끼, 새, 그리고 조그만 벌레 하나까지도 소중히 여기는 세상, 아이들도 어른도 헛공부에 짓눌리지 않는 세상, 말과 글이 바로 쓰이는 세상. 그런 세상을 꿈꾸며 하루도 허투루 보내지 않으셨던 선생님. '노래처럼 살고 싶다' 던 말씀은 바로, 참답게 살고 싶어하던 그 마음이겠지요.

'까만 옷을 입고 다녀도 / 깨끗한 풀만 먹는 염소' 처럼 살고 싶은데 잘 안 됩니다. 그렇지만 언젠가는 노래처럼, 아이들 노래처럼 살 그런 날이 오겠지요.

선생님 떠난 뒤, 이오덕 노래상자 《노래처럼 살고 싶어》를 내며 나는 그 안에 선생님의 마지막 말씀 하나를 숨겨 두었습니다. 뭐, 눈 밝은 사람은 벌써 찾아냈을지도 모르지요.

3

올해도 굴렁쇠아이들이랑, 충청도 무너미 마을 이오덕 선생님 무덤에 갔습니다.

선생님 떠난 뒤 아드님이 꾸려 살피는 '이오덕 학교'에 들어서니 시비 옆에서 있던 조랑말이 맞아 줍니다. 아이들이 만지고 올라타고 해도 뭐라 하지 않는 착한 녀석입니다. 아이들이 시비 앞에 서서 거기 새겨 있는 시를 흥얼거립니다. 죽음을 앞두고 선생님이 손수 고른 '새와 산'이란 시입니다.

새 한 마리
하늘을 간다.

저쪽 산이
어서 오라고
부른다.

어머니 품에 안기려는
아기같이

좋아서 어쩔 줄 모르고
날아가는구나!

-이오덕, '새와 산'

선생님은 그 많은 시 가운데 당신 시비에 새길 시로 왜 이 시를 고른 걸까요? 어머니 품에 안기려는 아기처럼 그렇게 편안하게 자연의 품에 안기고 싶으셨던 걸까요? '인간은 풀보다 나무보다 못하다'고 한 그이의 시 한 구절이 생각납니다.

눈길을 걸어 선생님 무덤에 이르니 몸에 땀이 나서 그런지 바람이 시원합니다. 기타를 꺼내 아이들과 함께 선생님 시에 붙인 노래를 열 곡쯤 이어 불렀습니다. 노래를 마치고 나니 새 한 마리가 언덕 너머로 날아갑니다.

소는 가슴속에 하늘을 담고 다닌다

권정생 시 · 백창우 곡

F C7 F Dm7 Gm7 C7

소 는 들어도 못 - 들은 척 하고 보고도 못 본 척 하 고 소는

F C7 F C7 F

가 슴 속 에 하 늘을 - 하늘을 담 고 다 닌 다 -

F Dm Gm B♭ F C7

봄 여름 가을 겨울 언 제 어 디서나 고달프지만 소는

F C7 Dm B♭ F C7

온 몸 으 로 그 림을 그린다 온몸으로 시를 쓴 다

F Dm Gm B♭ F Dm C7

무 거운 짐 혼 자끌고 한 발짝 두발짝 슬픈 이야기

B♭ F B♭ F

천 - - 천 히 - 천 - - 천 히 - 온몸으

C7 F C7 F

로 들려준 다 천 천 히 천 천 히 천 천

rit. C7 F C7 F

히 천 천 히 천 천 히 천 천 히

아주 조그만 것들의 소중함을 노래하는 사람, 권정생

1

오래전 권정생 동화집 《사과나무밭 달님》에 실린, 짤막한 동화 '소'를 읽고는 참 시처럼 아름답다는 생각을 했습니다. 이따금 그 글이 떠오르면 괜히 소처럼 멀리 하늘을 바라보기도 했지요.

> 이슬에 멱감은 풀잎. 소는 그 풀을 먹고 배가 둥둥 부른다. 참으로 편하다. 소는 그래서 바보 같다.
>
> 소는 코가 꿰인 채 잠자코 끌려가 준다. 사람 대신 무거운 달구지에 짐을 실어다 준다.
>
> 소가 살이 찌면 사람들은 값을 얼마쯤 올려 매긴다. 그러나 소는 그림처럼 언제나 아름답다.
>
> 구정물 찌꺼기를 먹고 살아도 소는 하늘에 눈을 둔다. 소는 꿈속에서도 침묵을 지키고 마음으로만 얘기한다.
>
> -권정생, '소'에서

내가 소를 좋아하게 된 것도, 소가 나오는 노래와 시를 여러 편 쓴 것도 이 동화 때문입니다. '구정물 찌꺼기를 먹고 살아도 소는 하늘에 눈을 둔다'는 말이 너무 좋아서입니다. 딱 한 권 나와 있는 권정생 시집 《어머니 사시는 그 나라에는》에도 '소' 라는 제목을 붙인 시가 일곱 편이나 실려 있더군요.

보릿짚 깔고
보릿짚 덮고
보리처럼 잠을 잔다.

눈 꼭 감고 귀 오그리고
코로 숨쉬고

엄마 꿈 꾼다.
아버지 꿈 꾼다.

-권정생, '소 1' 에서

소는 사람처럼 번거롭기가 싫다.
소는 사람처럼 따지는 게 싫다.
소는 사람처럼 등지는 게 싫다.

-권정생, '소 3' 에서

소는 들어도 못 들은 척하고
보고도 못 본 척하고
소는 가슴속에 하늘을 담고 다닌다.

-권정생, '소 4' 에서

강기슭을 지나
고갯길을 넘으며

소는 할아버지가 되도록
길을 걷는다.

-권정생, '소6' 에서

소처럼 착하게 살 수는 없을까요. 소처럼 가슴에 하늘을 담고 살 수는 없을까요.

그때부터 나는 권정생 글을 다 찾아 읽기 시작했고 틈틈이 그이의 시에 노래를 붙였습니다. 한 열댓 곡 모였을 즈음엔 '글쓰기회' 식구들하고 불러 보기도 했습니다.

'더 높이, 더 빠르게, 더 많이, 더 크게' 를 외치는 세상에서 권정생의 눈길이 가 닿는 곳은 낮고 가난하고 느리고 외롭고 힘없는 것들이지요. 강아지가 누고 간 똥이나 투박하고 금이 간 깜둥 바가지, 시궁창에 떨어진 똘배, 눈이 보이지 않는 지렁이, 앉은뱅이 아주머니, 그물 상자에 갇힌 토끼, 달팽이, 반디, 가난하고 슬픈 삶이지만 착하게 살아가는 구만이, 점례, 점득이, 몽실이 같은 아이들.

언젠가 권정생이 "내가 쓰는 동화는 슬프다"고 했는데, 이 말처럼 그이의 동화와 시는 참 슬픕니다. 그렇지만 그 슬픈 이야기 속에는 언제나 사랑 또는 희망이라는 아름다운 씨앗이 숨어 있지요. 힘겨운 삶, 외롭고 가난한 삶 속에서도 못난 것들, 보잘것없는 것들을 위한 희망 노래를 부를 수 있는 것은 무엇보다 깨끗한 마음 때문이겠지요. 이 세상 아주 조그만 것들의 소중함을 알기 때문이겠지요.

몇 해 전, 전라도 오수에 다녀오는 길에 익산역에 잠깐 내려 얼른 책방에서 권정생 소설《한티재 하늘》1권과 2권을 사 들고 기차를 탔습니다. 서울에 올 때까지 얼추 읽어 보려고 마음먹었지만 반도 채 읽지 못했지요. 거기 나오는 사람들 삶이 저마다 그냥 쓱 훑어보고 넘길 만한 그런 것이 아니었거든요. 참 기가 막힌 세상살이더군요. 그대로 싸들고 충청도 무너미 마을에 며칠 머물면서 느리게 느리게 읽다가 노래 하나를 만들었습니다. 한티재 하늘 아래 우리 할머니의 할머니 때부터 내리내리 불렀던 아리고 쓰린 숱한 가락들 가운데 그저 한 토막이지요. 허투루 난 사람이 어디 있을라고요. 참 몹쓸 세상이지요.

2

나팔꽃집보다
분꽃집이 더 작다

해바라기꽃집보다
나팔꽃집이 더 작다

"해바라기꽃집은 식구가 많거든요"
제일 작은 채송화꽃이 말했다

꽃밭에 바람이 살랑살랑 불었다

-권정생, '꽃밭'

언젠가 알게 될 거야 내가 품은 씨앗 하나
샛노란 민들레로 피어나는 날
세상엔 무엇 하나 쓸모 없는 게 없다는 걸
나 같은 강아지똥도 쓰일 데가 있다는 걸

-백창우 노랫말, '강아지똥' 에서

'꽃밭' 에 붙인 노래 '나팔꽃집보다 분꽃집이 더 작다' 랑 그이의 동화를 읽고 만든 '강아지똥' 이란 노래를 권정생 선생님께 들려드린 적이 있습니다. 음반에 담기 전이었는데, 참 좋다면서 이제부터는 아이들 노래가 되면 좋을 만한 시도 좀 많이 써 봐야겠다고 하시던 생각이 납니다.

3

사람 숫자보다 무기가 더 많은 이 나라, 가시 철조망으로 남과 북이 갈라져 있는 이 나라를 늘 걱정하고, 백두산 산바람 마시고 사는 아이들과 대동강 강물에 멱감는 아이들을 생각하며 남북 아이들 모두에게 "얘들아, 우리는 어른들을 닮지 말자"고 하던 사람, 겨우 한 사람 누울 만한 좁은 방에서 아픈 몸으로 혼자 지내면서도 희망의 씨앗을 품고 살던 사람, 그 착한 사람, 그 아름다운 사람, 오늘…… 길 떠났습니다. 그곳에서 "이담에 함께 만나 함께 오래오래 살았으면" 하던 어머니와 만나 정말 행복하기를. 그리고, 그이가 한 말처럼 그이도 우리도 너무 많이 슬프지 않았으면.

오늘, 어딘가에 꽃 하나 핍니다. 별 하나 뜹니다.

아침 숲

임길택 시 · 백창우 작곡
C Em Dm7 G7 C
나무들이- 조용히- 하늘 우러르는 -
F Em7 Am Dm7 G7
아침 숲을- 보세요- 보 세 요
C G7 C A7 Dm7 G7
온 동네아직- 잠 들어있고- 그 위로 햇살- 빛 날 때
C Dm7 G7 C
나무- 저-희끼리 손을잡고- 나무-저-희끼리 몸부비며-
F Em7 Am F D7 G7
그 햇살아래 달려나온- 아 침 숲 을 보 세 요
C F G7 C Dm G7
가만히훔쳐만 보 세 요 바람과만나는 숲
C F G7 C Dm G7
가만히훔쳐만 보 세 요 하늘과만나는 숲
F Em Am F Fm C
혼 자서만 몰 래 만나 보 세 요

아침 숲으로 함께 가고 싶은 사람, 임길택

한 시인이 있었습니다. 스물두 해 동안 강원도 탄광 마을과 산골 마을에서 아이들을 가르치면서 시와 동화를 쓰던 착한 시인이 있었습니다.

하늘을 바라봅니다. 별이 하나도 보이지 않습니다. 그이가 다른 세상으로 떠난 지 네 해째가 되었습니다. 그이가 있는 강원도 사북에 가려고 새벽 여섯 시에 차를 타러 나갔습니다. 겨레아동문학연구회, 어린이도서연구회, 한국글쓰기교육연구회, 한국어린이문학협의회가 힘을 모아 임길택 시비를 세우는 데 거기서 노래를 하기 위해서였지요.

별이 뜬다.
별들이 뜬다.

탄 바람에 하나도
날리지 않고

탄 더미에 하나도
묻히지 않고

저탄장 산마루에
폐석 더미 위에

초저녁 별이 뜬다.
꿈처럼 뜬다.

–임길택, '초저녁'

거의 다 갔을 때, 그러니까 임길택 시인 무덤과 시비가 있는 태백산 두리봉 어우실로 가는 산길을 버스가 느릿느릿 올라갈 때, 노래하는 아우 홍순관이랑 같이 추모 자료집에 있는 임길택 시인의 노래들을 처음 불러 보았습니다. 보리 출판사 식구들이 공들여 만든 소박하고 예쁜 자료집에는 그동안 내가 임길택 시인 시에 곡을 붙인 노래 일곱 곡의 악보가 실려 있습니다.

시비 있는 데를 가니 농사짓는 철학자 윤구병 선생님이랑 임길택 시인의 오랜 친구들인 이상석, 황금성 선생님, 그리고 화가 김환영 같은 이들이 막걸리 동이 둘레에 앉아 있습니다. 아마 밤새 마신 듯했습니다. 마흔여섯에 폐암으로 떠난 한 맑은 사람의 삶이 얼마나 안타까웠을까요. 거기 어울려 막걸리 한 사발 들이켜고 있는데 곧 시비 제막식이 시작되었습니다.

빗물에 패인 자국 따라
까만 물 흐르는 길을
하느님도 걸어오실까요.

골목길 돌고 돌아 산과 맞닿는 곳
앉은뱅이 두 칸 방 우리 집까지
하느님도 걸어오실까요.

한밤중,
라면 두 개 싸들고
막장까지 가야 하는 아버지 길에
하느님은 정말로 함께하실까요.

-임길택, '아버지 걸으시는 길을'

강화에서 온 노미화 선생님하고 임길택 시에 붙인 노래 두 곡을 거기 온 사람들에게 가르치고, 함께 간 가수 홍순관이랑 시비에 새겨진 '아버지 걸으시는 길을' 하고 '똥 누고 가는 새'를 불렀습니다. 식 다 끝나고는 보리 출판사 식구들이랑 홍순관이랑 함께 임길택 선생님 묻힌 곳에 올라가 이 노래를 다시 불렀습니다. 새 소리를 반주 삼아서 말입니다.

우리 마을 하늘에
눈이 내리면
끝없이 끝없이
눈이 내리면

까만 길 까만 지붕
눈에 묻히고
아버지 탄 캐는 소리
눈에 묻히고

하얗게 하얗게
눈이 내리면
우리 마을 하늘에
눈이 내리면

이 세상 슬픈 일들
눈에 묻히고
봄 소식 씨앗 되어
고이 잠들고.

-임길택, '눈이 내리면'

시인 임길택. 그이가 있어 세상은 그만큼 아름다웠는데, 그이의 시가 있어 세상은 그만큼 환했는데. 예닐곱 해 전, 그이를 만나고 돌아와 '눈이 내리면'이라는 노래를 만들어 혼자 흥얼거리던 생각이 납니다. '아버지 걸으시는 길을' 이라는 시에 노래를 붙이며 가슴 찡해지던 때도 그즈음이었습니다. 몇 해 전에 나온 시집 《할아버지 요강》하고 마지막 시집 《똥 누고 가는 새》를 뒤적거리다 보니 어느새 창이 부옇게 밝아 옵니다.

"개나리꽃 속에 숨어도 안 보일 만치 아주 작은" 시인의 시집 속에는 정말 작은 것들투성이입니다. 냉이꽃, 수수꽃다리, 봉숭아, 맨드라미, 엉겅퀴, 쑥부쟁이, 접시꽃, 술패랭이, 할미꽃, 아기 배나무, 고추벌레, 풍뎅이, 개똥벌레, 무당벌레, 말잠자리, 깃동잠자리, 지렁이, 새앙쥐……. 몸을 낮춰 아주 조그마한 것까지 눈여겨보던 사람, 싸우는 새들을 말리고 여름밤 잠 못 드는 소를 데리고 함께 산을 걸으며 소에게 이런저런 이야기를 들려주던 사람, 글을 읽을 줄 아는 이라면 아이, 어른 누구나 알아들을 수 있는 이야기들을 시로 쓰고 싶어하던 사람, 아아 그대 글 읽으니 내 몸에 꽃내 납니다. 그대 글 읽으니 내 노래 가야 할 길 보입니다.

나무들이
조용히 하늘 우러르는
아침 숲을 보세요.

온 동네 아직 잠들어 있고
그 위로 햇살만 빛날 때

나무, 저희끼리 손을 잡고
나무, 저희끼리 몸 부비며
그 햇살 아래 달려나온
아침 숲을 보세요.

가만히 훔쳐만 보세요.
바람과 만나는 숲
하늘과 만나는 숲
혼자서만 몰래 만나 보세요.

-임길택, '아침 숲'

슬렁슬렁, 마음 안에서 노래가 일렁이는데 이런 망할, 전화벨 소리. 날이 샜나 봅니다. 아아, 언제나 그이의 노래처럼 아침 숲을 찾아가 볼까요.

개구쟁이 산복이

*소설가 이문구 아저씨네 집엔 오누이가 있는데 아들 이름은 '산복'이고 딸은 '자숙'이래요.

노래만이 참말이라던 이야기꾼, 이문구

1

스물 몇 살 때인가 내 나이를 스스로 헤아리는 것이 쓸데없다는 생각이 문득 들어, 그때부터 나이를 세지 않기 시작했습니다. 그 나이에 맞는 삶이 따로 있는 듯 느껴지기도 하고, 괜히 나이라는 놈에게 휘둘리는 것이 싫었나 봅니다. 누가 내 나이를 물어보면 "몇 살로 보이나요? 그게 맞을 거예요" 하고 대답합니다. 다른 사람 나이에 대해서도 마찬가지여서 혹시 듣더라도 며칠 지나면 잊어버립니다. 뭐 그렇게 사느냐고 할지 모르지만 사람 사는 것이 다 똑같은 것은 아니지요.

언제부터인가 내 삶은 노래를 축으로 돌기 시작했습니다. 창작에 빠져 있을 때를 빼고는 그저 엄벙덤벙 대충대충 삽니다. 그 흔한 리모컨도 쓸 줄 모르고, 휴대 전화기가 가진 수많은 기능도 몰라서 못 씁니다. 누가 가르쳐 준다고 해도 배울 생각을 안 합니다. 그래도 그리 불편하지는 않습니다.

나처럼 나이 먹는 것도 모르고 어지간한 일은 슬렁슬렁 넘어갈 듯한 사람이 있습니다. 바로 소설가 이문구 아저씨지요. 글을 읽다 보면 나이를 가늠할 수가 없습니다. 어떤 때는 인생 쓴맛 단맛 다 봐서 모르는 것이 없는 늙은이 같기도 하고 어떤 때는 세상 모든 것이 신기하기만 한 어린아이같이 느껴집니다.

'개구쟁이 산복이' '울보 자숙이' '오누이' '봄 나들이' '까치니 까마귀니' 같은 이문구 아저씨 동시에 곡을 붙인 노래 스물 몇 곡인가를 보여 드린 게 꽤 오래전입니다. 동시집 《개구쟁이 산복이》가 나오기 다섯 해 전쯤일 겁니다. 그 자리에서 요즘 쓴 것이라면서 외워서 써 준 글이 하나 있는데 '별똥별' 이라는 시입니다. 나중에 시집이 나온 뒤에 보니 '산 너머 저쪽' 이라는 제목으로 실려 있었습니다.

산 너머 저쪽엔
별똥이 많겠지.
밤마다 서너 개씩
떨어졌으니.

산 너머 저쪽엔
바다가 있겠지.
여름내 은하수가
흘러갔으니.

-이문구, '산 너머 저쪽'

이문구 아저씨네 아이들인 개구쟁이 산복이도 울보 자숙이도 이제는 어른이 되었을 테지요. 하지만 좋은 글은 나이를 먹지 않습니다. 좋은 노래는 나이를 먹지 않습니다. 또 다른 산복이에게 또 다른 자숙이에게 마음 환하게 할 좋은 노래를 많이 만들어 나눠 주고 싶습니다.

2

아, 그런데, 그런데 말입니다. 이문구 아저씨가 이 세상을 떠나셨습니다. 늘 생생한 이야기를 들려주던, 우리 말이 얼마나 깊고 맛있는지 가르쳐 주던, 이야기꾼 이문구 아저씨가 말입니다. "내 몸은 너무 오래 서 있거나 걸어왔다"고 하시더니.

돌아가시기 한 달 전인가 광화문 어디서 만났을 때는, "노래가 진짜야. 노래 아닌 시는 시가 아니야" 하고 말씀을 하셨는데, 또 그 얼마 뒤에는 전화로 "노래가 너무 좋아. 가까운 사람들한테 선물하게 몇 개 더 보내 주면 안 될까?" 그러셔서 음반을 한 상자 싸서 보내 드렸는데, 19년 전에 이문구 동요 음반 〈개구쟁이 산복이〉를 만들기로 한 약속을 이제서야 겨우 지켰는데, 그 노래들을 몇 번이나 들어 보셨을까.

영안실에서, 이제는 다 커 어른이 된 '개구쟁이 산복이'를 만났지만 아무 말도 할 수가 없었습니다. 어깨 한번 두드려 주지 못했습니다. 돌아가시기 전에 그렇게 산복이 걱정을 많이 하셨다는데. 다 컸는데 뭐가 그리 걱정이라고, 참. 날이 찹니다. 아저씨 시에 곡을 붙인 '미루나무'라는 노래가 생각납니다.

논둑에 사는
미루나무
이십 년 모은 재산
까치 둥지 하나.
반짝이던 잎새
다 어디 가고
긴긴 겨울에
빈 하늘뿐.

-이문구, '미루나무'

우리 반 여름이

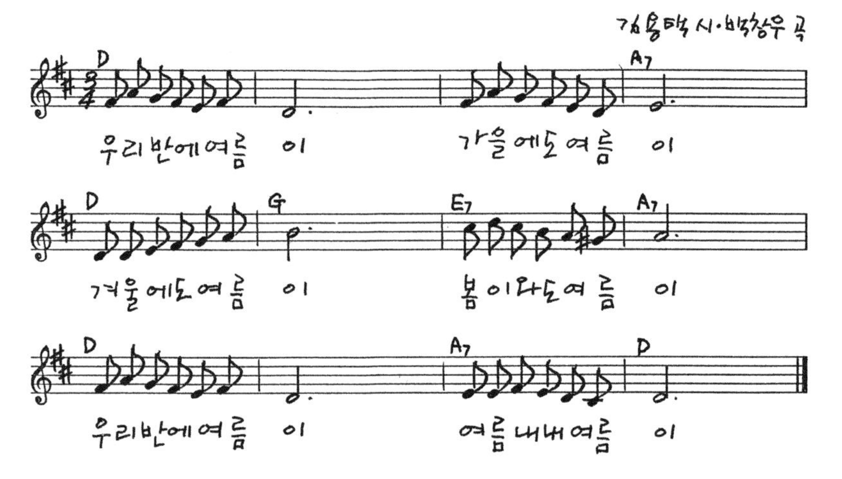
김용택 시·백창우 곡
D
A7
우리반에여름 이
가을에도여름 이
D
G
E7
A7
겨울에도여름 이
봄이와도여름 이
D
A7
D
우리반에여름 이
여름내내여름 이

강가에 서 있는 나무 한 그루 같은 시인, 김용택

달맞이꽃, 산앵두꽃, 호박꽃, 쌀밥 같은 토끼풀꽃, 억센 억새풀, 장독대 분꽃, 개밥풀, 달개비꽃, 콩잎, 깻잎, 두엄 더미 옆 똘배꽃, 붉은 산철쭉꽃, 코딱지만 한 코딱지풀꽃, 고부랑고부랑 고사리, 생울타리 작은 틈에 핀 앵두꽃, 울 너머 개나리꽃, 들패랭이꽃, 엉겅퀴꽃, 애기똥풀, 달맞이꽃, 빨간 산딸기, 노란 마타리, 솜다리, 희고 노란 들국화, 밥티 입에 문 며느리밥풀꽃, 쑥, 띠풀, 냉이, 시루꽃나물, 허물어진 빈집에 핀 하얀 배꽃, 묵정밭 희디흰 망초꽃, 재붕이네 집 마당에 핀 봉숭아꽃, 노란 산수유꽃, 들패랭이, 느티나무 아래 일찍 핀 구절초꽃, 솔숲 도토리나무, 함박꽃, 파꽃, 산그늘 속 산도라지꽃, 보리밭머리 장다리꽃밭 배추흰나비, 뒤안 목단꽃, 산벚꽃, 외길에 서 있는 감나무, 때동나무, 밭다랑지 하얀 물싸리꽃, 소복소복 이팝꽃, 평밭머리 산나리꽃, 산그늘 내린 메밀밭 희고 서늘한 메밀꽃, 우북하게 풀 우거진 길섶 붉은 물봉숭아꽃, 고마리꽃, 찬물 맑게 갠 옹달샘 위 산수국꽃, 절벽 벼랑 벌건 뿔나무, 원추리, 깨금나무, 마구잡이로 피어나는 노란 산국, 앞산 산비탈 붉디붉은 산복숭아꽃, 기울어진 집 뒤안 오래된 살구나무, 강기슭 붉은 자운영꽃, 노란 금잔화, 오리나무 아래 연보라색 아기붓꽃, 두릅, 파랗게 싹을 틔우는 둥글레, 산딸나무 흰 꽃잎, 우리 집 뒤안 모과꽃, 민들레, 걸럭지나물, 시루나물, 꽃다지, 느티나무 그늘 아래 환한 찔레꽃, 강가 버들강아지, 미꾸라지, 쏘가리, 개구리, 우렁, 여치, 메뚜기, 소금쟁이, 물방개, 달팽이, 반딧불, 다슬기, 먼 산에서 속작속작 우는 소쩍새, 머슴새, 쪽쪽새, 딱새, 박새, 볼때기가 파란 아주 작은 꺽지 새끼, 눈만 커다란 멍충이 새끼, 강가 모래 속 꼬막조개들, 다슬기들, 물새우, 알록달록한 물종개, 콩새, 물오리, 뱁새, 꾀꼬리, 부엉이, 느시렁느시렁 걸어오는 까만 염소들, 그리고 뒤안에 상추, 담장에 호박잎, 앞마당에 토란잎, 뒤곁에 애호박, 강 건너 밭에 풋고추, 할매 텃밭 가지꽃, 강냉이꽃, 들깨꽃, 땅콩꽃, 오이꽃…….

김용택 시집을 읽다 보면 내 안에 온갖 풀과 꽃들이 피고 지고 소금쟁이, 물방개가 돌아다니고 콩새, 딱새가 날아다닙니다. 탱자꽃 꽃잎이 다섯 장이라는 것도 "하얀 탱자꽃 꽃잎은 하나 둘 셋 넷 다섯 장입니다"라고 쓴 그이의 시를 읽고 알았습니다. 첫 시집 《섬진강》부터 2009년에 낸 《수양버들》까지 그이의 시집 어디에나 강과 산이 숨쉬고, 우리 나라 봄, 여름, 가을, 겨울 속을 사람들이 생생하게 돌아다닙니다.

좋은 노래는 두고두고 들어도 좋은데, 그이의 시는 마치 좋은 노래 같습니다. 몇 번을 들여다봐도 시냇물 소리처럼 질리지 않습니다. 그이의 시는 참 쉽습니다. 쓱 읽어 보면 한눈에 다 보입니다. 그 흔한 한자 하나 없습니다. 그렇지만 깊습니다. 쉽고 깊기란 어려운 일인데 말입니다. 찬찬히 읽다 보면 곳곳에서 싱싱한 전라도 말을 만나게 되는데 얼마나 재미있고 맛있는지 모릅니다. 김영랑 이후에 이렇게 동네 말을 시 속에 잘 버무려 놓은 시인은 몇 없습니다.

사람덜이 그러능게 아녀
뭐니뭐니혀도 말여 사람은
심성이 고와야 허고
밥 아깐지 알아야 혀

시방 이 밥이 그냥 밥이간디
우리덜 피땀이여 피땀
밥이 나라라고 나라

-김용택, '마당은 삐뚤어졌어도 장구는 바로 치자' 에서

워매, 저기저기 솟는 것이 뭣이당가
화이고 저것이 꽃산 아니라고
화이고 그렇구먼 꽃산이구만
글머는 저기 저 꽃산 뒤에 솟는 것은 뭣이당가
어허, 저것도 꽃산 아닝개비여잉—

-김용택, '꽃산 솟다' 에서

저 산 너머에 그대 있다면
저 산을 넘어가 보기라도 해 볼 턴디
저 산 산그늘 속에
느닷없는 산벚꽃은
웬 꽃이다요

-김용택, '산벚꽃' 에서

어찌럴 헐끄나
봄은 봄인디.

-김용택, '봄은 봄인디' 에서

어매, 봉숭아꽃만
아, 겁나게 피어부렀당게.

-김용택, '재붕이네 집에 봉숭아꽃 피었네' 에서

"호랭이 물어간다 시방" "올해는 산들이 왜 저리 꽃으로 난리인가 모르겄네" "참, 존 세상이다. 참말로 무선 세상이다. 저 꼭대기까장 저 큰 포크라인이 올라가불다니" "어찌럴 헌다냐" "당신 참 나랑 사니라고 애썼구먼 세상 사는 일이 금방이여" "남주 형 여그 시방 눈 와" "어찌 그리 일찍 가 부렀냐? 길택아" "썩을 놈들" "우리는 글먼 뭐여" "말이 났응게 말이지만 말여 거, 머시기냐" "저그덜이사 뱃속이 따땃헝게 뱃속 편헌 소리들 하고 있는디 그 속 모르간디" "긍게" "제미럴" "너무 그리 말더라고" "호랭이 뜯어 갈 시상" "떠그럴 놈들"……. 다 김용택 시에 나오는 말들입니다. 얼마 전 섬진강 진메 마을, 그이가 나고 자란 집에 들러 시인의 어머니를 만나고 나서야 알았습니다. 어머니 말이, 동네 사람들 말이 다 그이에게로 와서 시가 된다는 것을 말입니다.

김용택은 아주 짤막한 시 한 편이라도 자기가 모르는 것을 쓰지 않습니다. 이날 동네를 걸으면서 만난 풀, 꽃, 나무, 도랑, 길, 산, 강 모든 것이 시 속에 담겨 있습니다. 자기가 보고 듣고 살아온 만큼 시를 씁니다. 김용택은 작지만 그이 시는 산처럼 큽니다.

윤동주, 정지용, 박목월. 모두 시도 쓰고 동시도 쓴 시인들입니다. 소설도 쓰고 동시도 쓴 이문구 같은 이도 있습니다. 고은, 오규원 같은 시인은 따로 동시집을 내기도 했지요. 모든 시인이 한때는 아이였지만, 그렇다고 누구나 다 동시를 쓰지는 않습니다. 그것은 또 다른 세계입니다.

스물두 살 때부터 지금까지 시골 학교에서 아이들과 지내고 있는 김용택 시인은 동시를 쓸 수밖에 없는 시인입니다. "숨이 다하는 날까지 아이들과 함께 지내고 싶다"고 생각하는 사람이기 때문입니다.

콩 타작을 하였다
콩들이 마당으로 콩콩 뛰어나와
또르르또르르 굴러간다
콩 잡아라 콩 잡아라

굴러가는 저 콩 잡아라
콩 잡으러 가는데
어, 어, 저 콩 좀 봐라
쥐구멍으로 쏙 들어가네

콩, 너는 죽었다

–김용택, '콩, 너는 죽었다'

하루 종일 비가 서 있고
하루 종일 나무가 서 있고
하루 종일 산이 서 있고
하루 종일 옥수수가 서 있고
하루 종일 우리 아빠 누워서 자네.

–김용택, '비 오는 날'

김용택 동시집 《콩, 너는 죽었다》가 나왔을 때, 나는 며칠 사이에 이 시집에 있는 동시들 가운데 스물 몇 편에다 뚝딱 노래를 붙였습니다. 말과 리듬이 살아 있어 애쓰지 않아도 금방금방 노래가 되었습니다. 해방 이전에야 이렇게 노래를 품고 있는 동시가 많았지만 현대로 올수록 이런 시가 별로 없습니다. 동시의 본디 모습이 노래였다는 것을 생각하지 않더라도 동시야말로 소리 내 읽을 때 더 맛이 나야 하는데 요즈음 동시는 그럴 만한 것이 그리 많지 않습니다. 아이도 어른도 자꾸 동시와 멀어집니다. 머리로만 쓰는 시가 많아서일 것입니다. 김용택 동시는 거의 다 '몸으로 쓴 시' 입니다. 학교와 아이들과 집과 동네와 동네 사람들과 그것을 둘러싸고 있는 자연이 생생하게 담겨 있습니다. 삶 바깥에 있는 시는 찾아볼 수 없습니다. 어떤 것은 재미있고 어떤 것은 그럴듯하고 어떤 것은 코를 찡하게 합니다.

이이는 누렁니
칠칠은 뻥끼칠
팔팔은 곰배팔
구구는 닭모시
어느새
구구셈을 다 외웠네.

-김용택, '구구셈'

우리 뒷집 할머니 혼자 사는 집
살구꽃이 하얗게 떨어지는 집

우리 뒷집 할머니 혼자 사는 집
은행잎이 노랗게 떨어지는 집

우리 뒷집 할머니 혼자 사는 집
하얀 눈이 소복소복 쌓여 있는 집

우리 뒷집 할머니 혼자 사는 집
굽은 허리 하얀 머리 담 너머로 보이는 집

우리 뒷집 할머니 혼자 살던 집
살구꽃이 하얗게 내리는 빈집

-김용택, '우리 뒷집'

"구름처럼 심심하게" 하루가 갈 뻔했는데 "푸른 콩잎 같은" 싱싱한 시들이 있어 재미있고 행복한 하루가 되었습니다.

해 지는 앞강을 본다. 저 강가에 나무 한 그루가 서 있다. 저 나무는 내가 어렸을 때도 저기 있었다. 나무는 내 가슴에 심어져 있는 아름다운 시이고, 나무는 내 가슴에 그려져 있는 가장 위대한 그림이다. 나무를 생각하면 나는 모든 것들이 떠오른다. 하늘, 산, 새, 구름, 비, 눈, 이슬, 바람, 어머니와 아버지 그리고 나의 인생……, 삶이 저 강가의 나무 같았으면 좋겠다.

-김용택 시작 노트, '나무를 보며' 에서

"어, 창우야. 별일 없냐?"

조금은 빠르고 조금은 높고 조금은 밝은, "여보세요" 따위 꾸미는 말 없이 바로 이야기를 시작하는 그이의 전화가 오늘은 '겁나게' 그리운 날입니다.

별 하나 콩콩 별 둘 쌕쌕

전래 동요를 다듬어 백창우가 곡을 붙임
Gm
별 하나 콩 콩 별 하나 쌕 쌕 별 둘 - 콩 - 콩 별 둘 - 쌕 - 쌕
별 셋 - 콩 콩 별 셋 - 쌕 쌕 별 넷 - 콩 - 콩 별 넷 - 쌕 - 쌕
별 다섯 콩 콩 별 다섯 쌕 쌕 별 여섯 콩 - 콩 별 여섯 쌕 - 쌕
별 일곱 콩 콩 별 일곱 쌕 쌕 별 여덟 콩 - 콩 별 여덟 쌕 - 쌕
별 아홉 콩 콩 별 아홉 쌕 쌕 별 열 - 콩 - 콩 별 열 - 쌕 - 쌕

별 하나 뚝 따 망태에 넣고

겨울 내내 전래 동요를 새로 다듬고, 아이들과 함께 노래를 녹음하면서 새삼 '우리 말'이 참 넉넉하고 아름답다는 생각을 했습니다. 한글학회에서 펴낸《우리말 큰사전》에 토박이말이 오만 몇천 낱말도 넘는다는데, 우리가 가진 우리 말도 제대로 다 쓰지 못하면서 쓸데없이 '바깥에서 들어온 말'은 왜 그렇게 마구 쓰는지 정말 모르겠습니다. 이런 노래 들어 보셨지요?

꼬부랑 할머니가
꼬부랑 지팡이를 짚고
꼬부랑 개를 데리고
꼬부랑 고개를 넘다가
꼬부랑 똥이 마려서
꼬부랑 나무에 올라가
꼬부랑 끙 꼬부랑 끙
꼬부랑 똥을 누니
꼬부랑 개가 뛰어와
꼬부랑 꼬리를 흔들며

꼬부랑 똥을 먹으니
꼬부랑 할머니가
꼬부랑 지팡이로
꼬부랑 개를 때리니
꼬부랑 깽 꼬부랑 깽
꼬부랑 꼬부랑 꼬부랑 깽

-전래 동요, '꼬부랑 깽'

어디에선가 방정환 선생님이 세상에서 가장 짧은 동화라고 하셨던 전래 동요지요. 얼마나 맛이 있습니까. 우리 말은 어떤 나라 말로도 그 느낌을 담아내지 못하는 독특한 맛과 울림이 있지요. 〈춘향전〉에 나오는 '새 타령'을 보면 이런 대목이 나옵니다.

장끼 까투리가 울음 운다. 꺽꺽꾸루룩 울음 운다. …… 저 할미새 이리로 가며 팽당그르르, 저리로 가며 팽당그르르. …… 저 머슴새 날아든다. 이리로 가며 붓붓, 저리로 가며 붓붓. …… 오르며 딱따그르, 내리며 딱따그르.

이런 말도 그렇고 "울울총총 달려들어"나 "휘휘친친 감아쥐고"나 "느짓느짓 곱게 땋아" 같은 말을 어떻게 다른 나라 말로 살려 낼 수 있을까요. 이런 아름다운 말을 가진 땅에 태어나 시를 쓰고 노래를 만든다는 것이 참 뿌듯합니다. 그런데 이것이 무엇이지요?

에이치오티(HOT), 지오디(GOD), 에스이에스(SES), 핑클(FinKL)에 이어 빅뱅(BigBang), 비스트(Beast), 원더걸스, 2NE1……. 이것은 요즘 아이들이 좋아하는, 텔레비전에 많이 나오는 우리 나라 가수 이름이고요, 아브라카다브라(Abracadabra), 노바디(Nobody), 쏘리쏘리(Sorry Sorry), 지(Gee), 러브

송(Love Song)……. 이것은 우리 나라 가수들이 부른 노래 제목인데 도대체 어떻게 되어 가는 것이지요? 이런 '노래' 들 속에 있다 보면 내 정신이 '노래' 집니다. 하긴 뭐 '배달' 이라는 순 우리 말에도 괜히 괄호 치고 '倍達' 이라고 써넣고, '구경' '생각' '재미' '장난' 같은 우리 말에도 꼭 한자를 붙여 놓은 국어사전만 해도 한둘이 아니지요. 이러다 우리 아이들이 '얼간이' 나 '얼빠진 놈' 이 되는 것은 아닌지. "배달겨레의 얼이 가는 곳에 말과 글이 가고, 말과 글이 가는 곳에 또한 얼이 간다" 고 하신 분이 외솔 최현배 선생님이던가요.

가갸 가다가
거겨 거렁에
고교 고기 잡아
구규 국 끓여서
나냐 나하고
너녀 너하고
노뇨 노나 먹자

-전래 동요, '가갸거겨'

별 하나 따서 구워서 불어서 망태에 넣고
별 둘 따서 구워서 불어서 망태에 넣고
별 셋 따서 구워서 불어서 망태에 넣고

-전래 동요, '망태' 에서

'가갸거겨' 라는 노래는 우리 전래 동요의 바탕이 되는 음들을 노래 마디마다 첫 음(도, 레, 미, 솔, 라, 솔, 레, 도)으로 해서 만든 노래지요. 또 '망태' 를 보면 우리 말이 그대로 노래구나 하는 생각이 듭니다. 그냥 소리 내 읽기만 해도 노래가 됩니다. 별 노래는 '망태' 노래 말고도 재미있는 노래가 꽤 많지요.

"별 하나 똑 따 / 종지에 담아 / 솥 안에 넣고 / 열고 닫고 / 달그르륵" "별 하나 뚝 따 / 불에 꾸어 / 툭툭 털어 / 망태에 넣고" "별 하나 뚝 따 / 행주로 닦아 / 망태에 넣어 / 동문에 걸고" 이 노래들을 보면 꿈이 있고 재미가 있고 아름다움이 있지요.

전래 동요에는 그야말로 없는 것이 없습니다. '말밭'도 이런 말밭이 없지요. "말 탄 놈도 꺼떡꺼떡 / 소 탄 놈도 꺼떡꺼떡 / 가마 탄 놈도 꺼떡꺼떡" 하면서 대나무로 만든 말을 가랑이 사이에 끼고 말 타는 시늉을 하며 놀기도 하고, "고추 먹고 맴맴 / 마늘 먹고 맴맴 / 담배 먹고 맴맴 / 찔레 먹고 맴맴 / 앞산도 빙ㅡ빙 / 뒷산도 빙ㅡ빙 / 앞집도 돌고 / 뒷집도 돌고" 하는 노래를 부르며 코를 잡고 제자리에서 뱅글뱅글 맴을 돌기도 하지요.

"두꺼비는 집 짓고 / 황새는 물 긷고 / 소가 밟아도 딴딴 / 까치가 밟아도 딴딴" 하고 노래하면서 모래밭에서 또닥또닥 두꺼비집을 만들기도 하고, 미역 감다 해가 구름 속에 숨으면 배를 두드리면서 "참깨 줄게 볕 나라 / 들깨 줄게 볕 나라"나 "해야 해야 붉은 해야 / 복죽개(사발 뚜껑)로 물 떠 먹고 / 막대 짚고 나오너라"를 부르면서 해를 기다리기도 합니다.

맨 앞에 선 동무의 허리를 잡고 눈을 감은 채 "어디까지 왔나 / 아직아직 멀었다 / 어디까지 왔나 / 개울 건너왔다 / 어디까지 왔나 / 담 밑까지 왔다 / 어디까지 왔나 / 삽짝까지 왔다 / 어디까지 왔나 / 마당까지 왔다 / 어디까지 왔나 / 구들목에 왔다"를 주고받으며 집까지 더듬더듬 걸어오기도 하고.

"엿장수 똥구멍은 찐득찐득 / 기름장수 똥구멍은 매끈매끈 / 두부장수 똥구멍은 뭉실뭉실 / 소금장수 똥구멍은 짭짤짭짤 / 옹기장수 똥구멍은 반질반질" 하는 노래를 동무들과 같이 부르며 동네에 온 엿장수를 놀리기도 하고, 우는 아이 옆에 가서 "안동 나팔 삘삘 / 서울 나팔 삘삘"이나 "울던 개 짖던 개 / 검정개가 울더니 / 누렁개가 짖누나" 하고 더 울리기도 하지요. 울다가 그친 아이한테는 "비 오다가 해 났네" "함박 벌어진다 / 쪽박 벌어진다" 해 댑니다.

또 "꾸정물은 나가고 / 맬강물(맑은 물)은 들어오고"를 부르면서 냇가에서 샘을 파기도 하고, 불을 쬐다 연기가 제 쪽으로 오면 "여긴 개똥 / 저긴 찰밥" 하면서 손을 휘휘 저어 연기를 쫓기도 하지요.

전래 동요에는 동네 말(사투리)이 생생하게 살아 있는 노래가 꽤 많지요.

오랑깨롱 간깨롱 부뚜막에 간깨롱
누룽지를 준깨롱 묵은깨롱 꼬신깨롱
더 달랑깨롱 안 준깨롱 운깨롱 더 준깨롱
묵은깨롱 꼬신깨롱 겁나게 배부른깨롱

-전래 동요, '깨롱깨롱'

할매 집에 강께는
밥도 안 주고
쌔리기만 쌔리고
예끼사, 할매야

-전래 동요, '할매 집에 강께는'

이렇게 좋은 노래가 많고 많은데, 들리는 것이라고는 노래 같지 않은 노래들뿐이니 어떡하면 좋습니까. 말이 깨끗해지고 노래가 깨끗해져야 세상이 아름다워질 텐데, 사람들은 자꾸 말을 더럽히고 노래를 어지럽히기만 합니다. 마음이 답답해집니다.

말은, 말에 따라 소리내기가 다르고 소리내기에 따라 느낌이 다릅니다. "아까 집에 오다가 길에서 아주 '큰' 개를 보았어요" 하는 말하고 "아까 집에 오다가 길에서 아주 '조그만' 개를 보았어요" 하는 말을 견주어 보면 서로 느낌이 얼마나 다른지 금방 알 수 있습니다.

말 속에는 음악이 숨어 있습니다. 노래라는 것도 따져 보면 '말'에 이런저런 가락과 장단이 붙은 것이지요.

"메밀—묵이나 찹쌀—떡."
"골라 골라 골라 골라."
"사과가 왔어요, 고등어가 왔어요, 계란이 왔어요."
"신문이요, 신문."
"칼 갈—아."

잘 찾아보면 '말이면서 노래인 것'들을 꽤 많이 찾을 수 있습니다. 또한 '노래이면서 말인 것'들도 우리 전래 동요 속에 얼마든지 있습니다.

"콩 하면 나오고 팥 하면 들어가라
 쌀밥 하면 나오고 보리밥 하면 들어가라"
"앞에 가는 놈은 도둑—놈, 뒤에 가는 놈은 장—사"
"구정물은 나가고 맑은 물은 들어오고
 흙탕물은 가라앉고 샘물은 올라오고"
"한 고개 넘었다 아이구 다리야
 두 고개 넘었다 아이고 다리야"
"김치쪽 짠지쪽 짠지쪽 김치쪽"
"얼레꼴라리 얼레꼴라리 누구누구는 누구누구랑
 어디어디서 뭐뭐 했대요"

그냥 소리 내 읽기만 해도 가락과 장단이 흥얼거려지지요. 높게, 낮게, 크게, 작게, 길게, 짧게, 밝게, 어둡게……. 말도 알맞게 소리를 내야 말맛이 살듯, 노래도 노랫말이 가진 가락과 장단과 빛깔을 잘 살릴 때 제맛이 납니다.

옛이야기를 맛있게 할 줄 아는 사람은 노래도 맛있게 할 수 있고, 노래를 맛있게 부를 줄 아는 사람은 이야기도 맛있게 할 수 있습니다. 옛이야기와 노래를 많이 듣고 부르면서 자란 아이가 말과 상상력과 표현이 넉넉하리라는 것은 두말할 나위가 없습니다.

개야 콩콩 짖지 마라

전래 동요 · 박창우 채보·편곡
Fm
자장 자장 자장 자장 우리 아기 잘도 잔다
Fm
앞 집 개야 짖 지 마라 뒷 집 개야 짖 지 마라
마 루 밑에 삽 살개야 뒷 간 옆에 누 렁이야
Ab Eb7 Fm Ab Eb7 Fm
우리 아기 잠 들었다 개야 콩콩 짖지 마라
Fm
자장 자장 자장 자장 우리 아기 잘도 잔다

그리운 자장 노래

이제 잘 시간입니다. 읽던 책을 덮고 잠자리에 들지만 쉽게 잠들지를 못합니다. 재깍재깍 시계 소리는 점점 커지고 이런저런 생각들에 머리는 뒤죽박죽이 됩니다. 날마다 한참을 뒤척거리고 나서야 겨우 잠이 듭니다. 자장 노래를 들으면서 잠드는 어른은 없겠지만, 이따금 나는 어머니 자장 노래가 그립습니다.

업어 줘도 캥캥 안아 줘도 캥캥
젖을 줘도 캥캥 어쩌라고 캥캥

-전래 동요, '캥캥'

별 하나 콩콩 별 하나 쌕쌕
별 둘 콩콩 별 둘 쌕쌕
별 셋 콩콩 별 셋 쌕쌕
별 넷 콩콩 별 넷 콩콩

-전래 동요, '별 하나 콩콩' 에서

오야 오야 울지 마라
우리 아기 잠 잘 잔다
어리랑 어리랑 물레 소리
우리 아기 잠 잘 잔다

-전래 동요, '오야 오야 울지 마라' 에서

입에서 입으로 전해 내려온 전래 동요는 아이들 스스로 지어 부르는 노래와 아이를 위해 어른이 지어 불러 주는 노래로 가를 수 있지요.

아이를 위해 어른이 불러 주던 노래에는 아이가 세상에 나와 처음 듣게 되는 '자장 노래' 와, 두어 살까지 어머니나 할머니, 할아버지가 불러 주는 이런 저런 '아기 놀이 노래' 가 있습니다. 그러니까 아기를 까르르 웃게 하는 '까꿍' 이나 아기의 다리를 꾹꾹 눌러 주며 불러 주는 '잼잼' 그리고 '짝짜꿍' '곤지 곤지' '도리도리' '둘레둘레', 온몸 운동을 도와주는 '둥개둥개' '질라래비 훨훨', 걸음마를 위한 '음마음마' '불무불무' '달궁달궁' '따루따루' '아장아 장' '끄덕끄덕', 아기를 발 위에 올려놓고 공중에서 새처럼 날게 하는 '소리개 떴다', 아기의 아픈 배를 쓸어 주며 불러 주는 '할미 손은 약손' 같은 노래가 바로 어른이 아이를 위해 지어 부른 노래지요.

훨훨 질라래비
훨훨 질라래비
오냐 오냐 오냐 오냐
고모 집에 가자
이모 집에 가자
할매 집에 가자
삼촌 집에 가자
어서 가자 어서 가자

팔 내젓고 가자
질라래비 훨훨
질라래비 훨훨

–전래 동요, '질라래비 훨훨'

이런 노래들 속에서 아이는 말을 배우고 사랑을 느끼고 우리 마음 빛깔(정서)을 갖게 되지요. 조금 더 크면 만나게 되는 전래 동요의 바탕이 자장 노래나 아기 놀이 노래기 때문에 쉽게 그 노래들을 익히고 부를 수 있지요.

그런데 이런 노래들이 점점 잊혀져 가고 있습니다. 시골에는 노래를 들을 아이가 없고, 도시에는 노래를 불러 줄 어른이 없습니다. 할아버지가 들려주는 옛이야기도, 어머니가 불러 주는 자장 노래도 점점 사라져 갑니다. 아이 생일에 빵 가게에서 사 온 케이크 대신 수수팥떡을 손수 만들어 주는 어머니는 이제 찾기 힘듭니다. 그저 몇 개라도 아이 재우는 노래나 아이 어르고 달래는 노래를 불러 줄 수 있는 어머니도 쉽게 볼 수 없습니다. 참 궁핍한 삶이지요. "네가 자면 내가 자고 / 네가 깨면 나도 깬다"는 자장 노래에서 보듯 아이와 어머니는 한몸이지요. 잘 자고 잘 먹고 굼실굼실 잘 놀면 아이에게 더 바랄 것이 없지요.

자장자장 자장자장 우리 아기 잘도 잔다
꼬꼬 닭아 울지 마라 우리 아기 잠들었다
망망 개야 짖지 마라 우리 아기 잠들었다
자장자장 자장자장 우리 아기 잘도 잔다
잘도 자고 잘도 논다 먹고 자고 먹고 놀고
쌔근쌔근 잘도 잔다 굼실굼실 잘도 논다

–전래 동요, '자장자장'

우리 아기 잠을 잘 땐
송아지는 먹고 놀고
우리 아기 먹고 놀 땐
송아지는 잠을 자고
잘 자고 잘 놀아라
잘 먹고 잘 놀아라

–전래 동요, '우리 아기 잠잘 때'에서

얼른 잠이 들지 않고 칭얼대는 아이에게 "꼬깨미(도깨비) 온다, 호랑이 온다, 에비 온다, 꼼쥐(곰쥐) 온다, 망태영감 온다"고 은근슬쩍 겁주기도 하고, "앞집 아긴 잘 못 자도 우리 아긴 잘도 잔다 / 건넛집 아기는 울기만 하는데 우리 아기는 잘도 잔다"나 "앞집 아긴 개똥밭에 뉘여 놓고 / 뒷집 아긴 고추밭에 뉘여 놓고 / 우리 아긴 꽃밭에 뉘여 놓고"를 불러 으쓱 부추기기도 하고, 괜한 닭이나 개한테 "찹쌀 닷 말 밥해 주마 우리 아기 재워 주렴 / 받은 밥상 물려주마 우리 아기 재워 주렴 / 우리 아기 재워 주면 네 아기도 재워 주마" 하고 꼬드기기도 하고, "깜둥개도 자고 새앙쥐도 자고 새도 자고 숭어 새끼도 자고 송아지도 자고 모두 자니까 너도 자야 한다"고 아이를 어르기도 하는 어머니 자장 노래를 들으면서 잠드는 아이는 정말 행복한 아이입니다. 그 아이는 어른이 되어서도 몸 안에 늘 어머니가 숨쉬고 있을 것입니다.

잠이 잘 온다
어머니 곁에 누우면
세상이 아무리 시끄러워도
참 잠이 잘 온다
내 찬 손 꼬옥 잡아주실 땐
마음까지 따뜻해진다

어머니의 이야기는 꿈속까지 따라와
내 고단한 잠을 어루만지고
갓 태어난 강아지처럼 나는
한 차례 깨지도 않고
잘 잔다

-백창우, '단잠'에서

아이에게 뽀로로나 키티 인형을 사 주고 디즈니 만화 비디오를 사 주고 천장에 야광별을 붙이고 나비 모빌을 매달고 모차르트 노래를 틀어 주는 것보다 더 필요한 일은 잃어버린 노래를 찾아 주는 일입니다.

싫단 말이야

조민정 어린이 말 · 백창우 곡

*《마주이야기》에 실린 조민정 어린이 말을 한 마디도 바꾸지 않고 그대로 노래를 붙였다. 아이 말을 좀 귀담아 들어 주자.

아무 때나 시를 쏟아내는 아이들

아이들은 아무 때나 시를 쏟아 냅니다. 아이들은 정말 아무 때나 노래를 쏟아 냅니다. 조금만 귀담아들어 보면 아이들 말 속에 싱싱한 시와 노래의 씨앗이 숨어 있다는 것을 알 수 있습니다. 그대로만 놔두면 아이들은 누구나 시인입니다.

> 엄마 : 너, 놀기만 하고 공부 안 하면 소 돼.
> 아이 : 잠만 자면 소 되지.
> 엄마 : 공부 안 하고 놀기만 해도 소 돼.
> 아이 : 외할아버지네 소도 공부 안 해서 소 된 거야?
> 엄마 : 그래, 외할아버지네도 어린애가 한 명 있었는데 놀고 자고 놀고 자고 그래서 소가 됐어.
> 아이 : 그럼 놀지 않고 공부만 하면 뭐가 돼?
>
> -여섯 살 신영규, '놀지 않고 공부만 하면 뭐가 돼?'

아이들을 망가뜨리는 것은 어른들입니다. 어른들이 제멋대로 만든 세상입니다. 아주 어릴 때는 그림을 곧잘 그리던 아이가 미술 학원에 가고 학교에 가게 되면 금방 제 그림을 잃어버립니다. 학교에 길들고 텔레비전에 길들고 어른들에 길들면서 아이는 제 빛깔을 잃어버립니다. 그저 깡통처럼 모두 똑같은 '바보 같은 어른'이 될 준비를 합니다. 그냥 놔두기만 해도 좋을 텐데.

유치원 다니는 한슬이가 얼마 전 한창 더울 때 바다에 갔다 왔습니다. 외할머니, 외할아버지 여행길에 박박 우겨서 따라간 것입니다. 그 녀석은 안 된다고 말리는 식구들한테 이렇게 한마디를 던지고는 차에 올라탔습니다.

"내가 바다에 가려는 건, 어렸을 때 본 바다가 도대체(이 '도대체'는 그 녀석이 잘 쓰는 말입니다) 생각이 나질 않아서란 말야."

어렸을 때 본 바다가 생각이 안 나서 꼭 다시 보고 와야겠다는데 어느 누가 말릴 수 있겠습니까? 한슬이 오빠인 한울이도 서너 살 때 고물이 다 된 세발자전거를 만지작거리면서 이런 명시를 남겼습니다.

"아부지, 나, 바람이 부는 데서 자전거를 타고 싶어요."

짜식, 그냥 밖에 나가서 놀고 싶다고 하면 알아들을 것을, 뭐 그따위로 멋있게 말을 하나, 참.

유치원 아이들 말을 그대로 담아 놓은 마주이야기 책 《침 튀기지 마세요》《튀겨질 뻔했어요》를 뒤적거리다 깜짝깜짝 놀랍니다. 그렇습니다. 아이들은 누구나 시인입니다.

어른들이 부르는 노래는 참 이상해요.
돈이 없는데 어떻게 집에 가서
빈대떡이나 부쳐 먹지요.
말도 안 돼요.
밀가루도 채소도 사야 하잖아요.
그러니까 돈이 있어야 하잖아요.

-일곱 살 김우식, '참 이상해요'

맞습니다. 이상하고말고요. 어디 부르는 노래만 이상한가요? 생각도 마음도 글도 말투도 하는 짓도 다 이상하지요. 세상을 망쳐 놓는 것은 어른들인걸요. 마주이야기를 읽으면서, 누군가의 말을 들어 준다는 것은 참 소중한 일이라는 생각이 들었습니다. 듣기보다는 자꾸 말하려고만 하는 어른들 세상에서 말입니다.

미하엘 엔데가 쓴 동화에 나오는 꼬마 '모모'가 떠오릅니다. 마음에 무엇인가 맺힌 것이 있는 사람들은 모모에게 찾아가 속을 털어놓습니다. 모모가 하는 일은 그저 '들어 주는 일'입니다. 모모는 이야기하는 사람의 눈을 마주 보며 한마디도 빼놓지 않고 들어 주는 것밖에 한 것이 없지만, 사람들은 이야기하는 가운데 마음의 평화를 찾거나 지혜의 눈이 떠져 맺힌 것을 푸는 길을 찾습니다. 들어 주는 사람이 있을 때, 마주 앉아 사랑의 눈길로 바라보는 사람이 있을 때, 아이들은 모두 시인입니다. 순간순간 아름답게 빛나는 한 세상입니다.

아이들은 마음에 없는 말을 하지 않습니다. 아이들 말에 귀를 기울여 보면 아이가 가진 생각과 마음을 알 수 있습니다. 참다운 사랑은 눈에 보이지 않는 것들까지도 환히 보이게 합니다. 아이들 누구나 시를 품고 산다는 것을 알게 합니다.

아이들 말을 들을 수 있고 아이들 마음과 몸짓을 느낄 수 있는 사람이라야 좋은 시도 좋은 노래도 만들 수 있을 것입니다. 이제 참답지 않은 노래, 그저 시시하기만 한 노래, 재미도 없고 아름답지도 않은 노래, 마음이 담기지 않은 잡동사니 노래는 그만 만들어야 할 텐데요.

아이들한테 다시 배워야겠습니다.

내 똥꼬

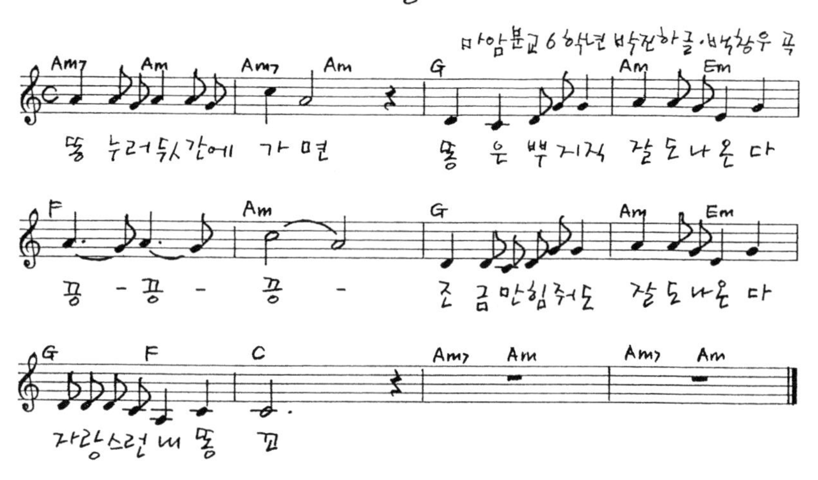

* 마암분교 6학년 박진하 어린이의 글을 조금 다듬어 노래를 붙임. 글 뒤쪽 '포동포동하고 토실토실한 내 똥꼬'를 '자랑스런 내 똥꼬'로 바꾸었는데, 그 자리에 '포동포동한 내 똥꼬'나 '토실토실 내 똥꼬'를 넣어서 불러도 된다. 악보는 네 박자 노래로 그렸지만 노래할 때는 열두 박 장단에 맞춰 부르면 좋겠다.

아이들 마음 안에 늘 노래는 들썩거리는데

며칠 동안 이곳저곳 쏘다니다가 돌아와 오랜만에 방을 치웁니다. 내가 쓰는 방 이름이 '이 세상에 없는 방' 인데, 그 이름처럼 이 세상에 이 방만큼 온통 어질러 놓은 방은 없을 것입니다. 방이라기보다는 창고에 더 가까운 모습이지만 그래도 한 해에 몇 차례쯤은 오늘처럼 방을 치웁니다. 뭔가 새로운 마음, 새로운 기분으로 살고 싶어서지요. 며칠 못 가 다시 개판이 되기는 하지만 말입니다.

아직 뜯어 보지 않은 우편물을 정리하고 그동안 못 본 신문들을 대충 살펴봅니다. 여기저기, 읽다 말고 쌓아 둔 책들을 제자리에 놓다가 책꽂이에 거꾸로 꽂아 놓은 책 한 권이 눈에 띄었습니다. 오래전, 그러니까 철학자 윤구병 선생님이 농사지으러 변산으로 내려가기 전인 1994년 1월에 책 첫 장에다 "이 책 참 좋은 책이야, 꼭 읽어 보고 여기 있는 아이들 시 가운데 노래 붙일 만한 게 있는지 살펴봐 줘" 하고 써서 보내 주셨던 이호철 선생님 책 《살아 있는 글쓰기》입니다. 여기에는 아이들이 쓴 글이 꽤 많이 실려 있는데, 어떤 것은 정말 읽다가 그냥 그대로 노래가 되었습니다. '가을' '감홍시' '감' '엄마의 발' '눈' '나무' '사탕' '복숭아' 같은 노래를 다 이때 얻었지요.

이렇듯 말이 싱싱하게 살아 있으면 노래 붙이는 일이 그냥 술술 뚝딱 쉽기만

한데, 딱딱한 말, 굳은 말로 된 시는 노래 붙이는 재미도 별로고 입에 잘 붙지도 않지요.

하마 가을이 왔다.
철둑가 코스모스
쫄로리 서서 웃는다.
엄마는 코스모스를 보고
날씨가 추워서
우예 사꼬, 한다.

-경북 경산 중앙초등학교 4학년 천금선, '가을'

감홍시는 빠알간 얼굴로
날 놀긴다.
돌을 쥐고 탁 던지니까
던져 보시롱
던져 보시롱
헤헤 안 맞았지롱 이런다.
요놈의 감홍시
두고 보자.
계속 계속 돌팔매질을 해도
끝까지 안 떨어진다.

-경북 울진 온정초등학교 4학년 황도곤, '감홍시'

눈아, 눈아, 오지 마라.
코가 따굽고 입이 새파랗고
발이 얼어서 개룹고

손이 시려서 호호 시려서
장갑이 있어야 한다.
눈아, 눈아, 오지 마라.

-경북 상주 공검초등학교 2학년 김석님, '눈'

발갛고 말랑말랑한 거
우리 할머니 드리고
나는 조금 파란 거 먹자
바싹!
아고, 복숭아 달다.

-경북 경산 부림초등학교 4학년 박배희, '복숭아' 에서

아고, 글 참 달다. 이런 시들이 노래가 아니면 뭐가 노래일까. 어른들이 그냥 놔두기만 하면 아이들은 이렇게 누구나 '시인' 인 것을.

한 달 넘게 내 작업실 기타 옆에 놓아 둔 책 두 권이 있습니다. 이 책을 뒤적거리다 보면 마음이 금방 환해집니다. 이 책들 속에 아름다운 노래가 숨어 있기 때문입니다.

서른 몇 해 전 이오덕 선생님이 가르치던 경북 상주 청리초등학교 한 반 아이들 예순여덟 명이 2학년부터 4학년까지 쓴 시를 모아 놓은《허수아비도 깍꿀로 덕새를 넘고》와, 세상에서 가장 작은 학교 가운데 하나라는 전북 임실 운암초등학교 마암분교에 다니는 전교생 어린이 열여덟 명이 한 해 동안 쓴 시를 한자리에 모아 놓은《학교야, 공 차자》가 그것입니다. 모두 시골 어린이들이 쓴 시지요.

여기 실린 아이들 글을 조그맣게 소리 내 읽다 보면 그대로 노래가 됩니다. 이렇게 아이들 마음 안에는 아름다운 노래가 그득합니다.

봄아, 봄아, 어서 오마
우리도 큰다. 나물도 큰다.
오늘 학교 오다가 보니
강아지가 출렁출렁 뛰어갑니다.

-경북 상주 청리초등학교 2학년 성옥자, '봄'

비가 온다.
둑둑 온다.

갑자기
두두둑 온다.

비가 더 좍좍 온다.

개가 운다
무서워서.

-전북 임실 마암분교 5학년 윤귀봉, '비'

눈 위에도 눈이 오고
막 업히 가지고 온다.

-경북 상주 청리초등학교 3학년 전옥이, '눈' 에서

운동장에마 나오면
채송아가 피서
운동장이 환하다.

-경북 상주 청리초등학교 4학년 정순조, '채송아'

바람이 불면
오동나무가 춤을 춘다.

바람이 불면
온 세상 나무들이 춤을 춘다.

-전북 임실 마암분교 3학년 최현자, '오동나무'

굴밤 껍지는 밥그럭 같다.

-경북 상주 청리초등학교 3학년 김용구, '굴밤' 에서

오늘 개미가
이사를 갔다.

오늘 잘하면
비가 올 것 같다.

나는 비 오니까
준비를 해야지.

개미는 티브이
일기예보보다
확실할 것이다.

우리 엄마 말씀이다.

-전북 임실 마암분교 5학년 윤귀봉, '개미'

나무 위에 감이
빨갛게 익었다.

햇볕에 그을린
내 얼굴처럼.

-전북 임실 마암분교 6학년 이창희, '감'

요 며칠 비가 오는 날이 많습니다. "비가 두두둑 온다"는 말이나 "소나기가 유리창에 창창 내리친다" 같은 말은 어른들이 쓴 글에서는 좀처럼 볼 수 없는 말이지요. 개미가 이사를 가면 비가 온다고 한 어머니 이야기를 떠올리고는 오늘 개미가 이사 가는 것을 보니 틀림없이 비가 올 것이라고, 어머니가 한 이야기니 텔레비전 일기예보보다 더 확실할 것이라고 말하는 아이의 시를 보면서 마음이 따뜻해집니다.

"강아지가 출렁출렁 뛰어간다"는 말도, "눈 위에 눈이 막 업혀 가지고 온다"는 말이나 "안개가 꽉 덮여 소나무가 아널아널하게 보인다"는 표현도 어른들은 쓸 수 없는 말이지요. 아이들 글에는 어른들이 흉내내지 못할 아이들만의 세계, 아이들만의 눈과 귀, 그리고 아이들만의 마음이 있지요. 시와 노래의 씨앗을 이렇게 많이 품고 있는 우리 아이들이 자꾸 자연과 멀어지고 공부라는 울타리에 갇혀, 단단한 시멘트 벽에 갇혀, 제대로 맘껏 놀아 보지도 못하고 시들시들한 어른이 되어 버리지나 않을까 걱정입니다.

'서 있는 곰'이라는 이름을 가진 인디언이 이런 말을 했지요.
"우리는 자연에서 멀어진 사람의 마음이 금방 딱딱해지고 만다는 것을 안다. 그래서 우리 부족은 아이들이 늘 자연 가까이 가도록 해서 딱딱하지 않은 부드러운 마음을 갖도록 한다."
또 '상처난 가슴'이라는 인디언은,

"우리는 이 자연 모두가 어머니 품이고 학교라고 믿는다"고 했지요.

그렇지요. 자연보다 더 좋은 학교는 없지요.

시골 아이들 글이 도시 아이들 글보다 더 아름답고 생생하게 느껴지는 것은 그 속에 자연이 배어 있기 때문은 아닐까요. 아이들이 가진 고유한 빛깔과 창의력이 무시되지 않는 교육, 꼴찌도 일등도 저 나름대로 꿈을 일구어 갈 수 있는 세상이 어서 와야 할 텐데요.

'어린이는 모두 시인'이라고 한 이오덕 선생님 말이나 '사람의 마음이 끝없이 아름다울 수 있다는 것을 나는 이 아이들에게 배웠다'고 한 김용택 선생님의 말이 아니더라도, 나는 아이들과 함께 놀면서 벌써 알아봤습니다. 아이들은 누구나 시인인 것을.

음악에는 정답이 없다

노래 때문에
사람들 마음이 조금 더
착해졌으면 좋겠다.
노래 때문에
세상이 조금 더 아름다워졌으면
좋겠다.

음악은 즐겁고 재미있는 세계입니다

요즘은 바이올린이나 플루트를 배우는 아이도 많아졌지만 아이에게 악기를 가르치려고 할 때 우리 나라 부모님들이 가장 먼저 떠올리는 악기는 피아노일 것입니다. 아주 외진 시골이 아니라면 어느 동네를 가더라도 크든 작든 피아노 학원 없는 데가 없습니다.

내가 어렸을 때는 피아노가 흔하지 않았습니다. 피아노가 있는 집은 부잣집이고, 그런 부잣집 아이나 피아노를 배우는 줄 알았습니다. 나는 열여섯 살 때부터 노래를 만들기 시작했지만 교회에 있는 풍금이나 누나가 생일 선물로 사 준 클래식 기타로 작곡을 했고, 피아노를 만져 본 것은 스무 살이 다 되어서였습니다.

나는 아이들이 처음 만나는 악기가 꼭 피아노여야 하는지 잘 모르겠습니다. 피아니스트를 꿈꾸는 아이가 아니라면 피아노를 배우면서 느껴야 할 것은 음악이 가진 상상력과 즐거움입니다. 그러나 요즘 아이들이 피아노 학원에서 겪게 되는 것은 즐거운 음악 체험, 창의력과 상상력을 길러 주는 음악 체험이 아니라, 그저 이론과 기능을 단순하게 배우는 것에 가깝습니다. 똑같은 곡을 몇십 차례씩 되풀이 연습해야만 진도를 따라갈 수 있는 음악 공부 때문에 많은 아이들이 힘들어하고 지겨워합니다. 찰리 채플린이 만든 영화 '모던

타임즈' 의 공장 노동자가 하루 종일 나사 조이는 일만 되풀이하면서 사람이 아니라 기계에 더 가까워지는 것처럼, 기능을 배우려고 수없이 되풀이하는 피아노 교육에는 상상력과 창의력이 끼어들 틈도 없고 즐거움을 느낄 자리도 없습니다. 열심히 진도만 나간다고 실력이 늘고 음악 감수성을 키울 수 있는 것이 아닙니다.

또 피아노 학원은 많지만 좋은 환경을 가진 곳은 그리 많지 않은 듯합니다. 좁은 공간을 칸막이로 나누어 쪽방을 여러 개 잇달아 만들어서 방음이 전혀 안 되는 곳도 많습니다. 그리고 무엇보다 조율이 제대로 안 되어, 피아노 음정이 맞지 않는 곳도 많습니다. 피아노가 제대로 소리를 내려면 적어도 한 해에 서너 번은 정밀한 조율을 해 주어야 합니다. 하지만 조율하려면 돈이 많이 들기 때문에, 때맞춰 조율하기가 쉽지 않습니다.

피아노 학원에서 쓰는 교재는 거의 다 서양에서 만든 것입니다. 몇 해 전까지만 해도 피아노 교재로 《바이엘》을 안 쓰면 큰일나는 줄 알았습니다. 이 교재를 만든 독일에서조차 딱딱한 박자 개념과 기계처럼 계속해서 반복하는 훈련이 아이들의 정서와 창의성을 해친다고 생각해 이제는 쓰지 않는데 말입니다. 요즈음에도 우리 나라에서 만든 교재는 찾아보기 힘듭니다. 이런 서양 교재로만 교육을 받게 되면, 어려서부터 자기도 모르게 서양음악에 길들게 되고 '음악=서양음악' 이라는 잘못된 생각을 갖게 될 수 있습니다.

아이에게 피아노를 가르치는 것이 나쁘다는 말이 아닙니다. 어려서 악기 하나쯤 다루어 보는 것은 아주 바람직한 일입니다. 그렇지만 아이를 음악가로 키울 것이 아니라면 무엇 때문에 악기를 가르치는지 잘 따져 봐야 합니다. 아이와 자주 이야기를 나누고, 아이도 선생님도 '진도' 라는 올가미에 묶이지 않아야 합니다. 음악은 즐겁고 재미있는 세계입니다.

피아노나 바이올린, 플루트같이 대접받는 악기를 배운다고 해서 더 깊은 음악 체험을 하는 것은 아닙니다. 어떻게 보면 피아노, 바이올린, 플루트처럼 어려운 악기는 몇 년씩 고생하면서 배워도 제대로 써먹지도 못하는 경우가 많습니다. 하지만 그것들에 견주어 훨씬 다루기 쉽고 값도 싼 하모니카만 하더라도 한두 달만 주머니에 넣고 다니면서 틈나는 대로 불어도 금방 익숙해지고 써먹기도 좋습니다. 피아노보다 하모니카가 더 좋다는 말이 아닙니다. 어떤 악기든 저 나름의 빛깔을 갖고 있고 그것을 경험하는 아이에게 하나씩 아름다운 결을 줄 수 있는데, 피아노나 바이올린만 고집하는 것이 문제라는 것이지요. 무엇을 배우든 아이를 전문 연주자로 키울 것이 아니라면 아이를 너무 힘들게 하지 않아야 합니다. 즐거운 체험이 되게 해야 합니다. 그렇지 않다면 아이들은 음악과 멀어질 수밖에 없습니다.

처음 악기를 고를 때 부모님 생각대로 서둘러 악기를 정할 것이 아니라, 아이 스스로 자기가 배우고 싶은 악기를 고를 수 있게 해야 합니다. 시간이 좀 걸리더라도 여러 가지 악기 소리를 충분히 듣게 해 주고 아이 스스로 고르게 하는 것이 좋습니다. 장구, 꽹과리 같은 타악기나 하모니카, 카주, 단소 같은 작은 악기까지 폭을 넓혀 볼 필요가 있습니다.

모두가 똑같은 악기를 배울 까닭이 없습니다. 아이가 흥미를 느낄 때까지 기다릴 줄 알아야 합니다. 음악은 어렵고 지겨운 것이 아니라 즐겁고 재미있는 것입니다. 한번 잘못한 선택이 아이에게 음악을 빼앗아 갈 수도 있다는 것을 알아야 합니다.

음악은 교육 이전부터 있었습니다. 음악의 세계는 넓습니다. 그 안에는 아이들이 들어갈 공간이 얼마든지 있습니다. 아이들의 창의적 표현과 상상력이 뛰어놀 자리가 얼마든지 있습니다. 좋은 음악 체험은 좋은 정서를 갖게 하고 자기 빛깔을 가진 아이로 자라게 하지요. 어릴 때 만나는 음악이 그저 한때 잠깐 경험하고 마는 것이 아니라, 어른이 되어서까지 마음 안에 흐르는 시냇물이 되어야 합니다.

모든 것들은 소리를 품고 있습니다

세상에 있는 모든 것들은 다 소리를 품고 있습니다. 비나 바람이나 시냇물, 개나 소나 귀뚜라미처럼 스스로 소리를 낼 수 있는 것도 있지만 소리를 몸 안에 감추고 있는 것도 많이 있습니다. 대나무는 혼자서는 소리를 내지 못하지만 바람과 만나면 이런저런 소리를 냅니다. 딱따구리가 나무를 쪼는 소리는 딱따구리와 나무가 함께 만드는 소리입니다.

자연 속에도 엄청나게 많은 소리들이 숨어 있지만, 우리 교실이나 집 안만 살펴봐도 꽤 많은 소리를 찾을 수 있습니다.

나무 – 책상, 걸상, 대걸레, 먼지털이, 도마, 다듬이, 막대기, 빨래판
쇠붙이 – 숟가락, 젓가락, 그릇, 국자, 양동이, 냄비, 깡통, 주전자, 종
돌, 흙 – 차돌멩이, 공깃돌, 다듬잇돌, 절구, 항아리, 옹기
가죽, 비닐 – 허리띠, 비닐봉지, 가죽 가방
유리 – 병, 유리잔, 어항, 꽃병, 접시
종이 – 종이 상자, 책, 공책, 신문
플라스틱 – 반찬통, 쓰레기통, 바가지, 세숫대야

두들길 때와 긁을 때, 튕길 때와 쓰다듬을 때, 쓸어내릴 때와 서로 부딪칠 때 소리가 다 다릅니다. 또 두들기고 긁고 부딪치는 것이 '무엇인가에 따라서도 소리가 다릅니다.

이렇게 숨어 있는 소리, 잠들어 있는 소리들은 누군가 두드려 주어야 깨어납니다. 두드려서 소리를 얻을 수 있는 것은 무엇이든 악기가 될 수 있습니다. 두드려서 소리를 내는 악기(타악기)들은 다 이렇게 만들어졌습니다. 노래 반주는 피아노나 기타로만 할 수 있는 것이 아닙니다.

우리 나라에서 가장 많이 써온 타악기로는 북, 장구, 꽹과리, 징을 들 수 있습니다. 이 네 악기를 요즘에는 '사물'이라 하고, 이 네 악기가 어울려 함께 연주하는 것을 '사물놀이'라고 하지요. '김덕수패 사물놀이'라고 들어 보았지요? 김덕수라는 장구재비가 이끄는 풍물패를 그렇게 부릅니다.

북과 장구는 나무와 가죽으로 만들고 꽹과리와 징은 쇠로 만드는데, 옛날 사람들은 북과 장구가 내는 소리를 '땅의 소리'로 여기고 꽹과리와 징이 내는 소리를 '하늘의 소리'로 여겼다고 합니다. 이 '땅의 소리'와 '하늘의 소리'가 어울려 땅과 하늘을 들썩이게 하고, 하늘과 땅 사이에서 살아가는 사람의 삶과 마음을 담아 하늘, 땅, 사람이 하나가 된다는 것이지요.

북이 달아오르면 하늘과 땅을 들었다 놓았다 하고, 장구가 달아오르면 살아 있는 모든 것들이 달려오는 듯하고, 꽹과리가 달아오르면 벼락이 치는 듯하고, 징이 달아오르면 마치 천둥소리처럼 온 세상을 울리지요.

다른 나라 악기 가운데서 몇 개 들자면, 나무와 쇠붙이로 만든 실로폰, 마림바, 구리와 놋쇠 따위 쇠붙이로 만든 벨, 심벌즈, 트라이앵글, 카우벨, 나무로 만든 캐스터네츠, 우드블록, 목탁, 나무나 알루미늄으로 만든 마라카스, 나무와 가죽으로 만든 봉고, 나무와 쇠붙이와 소가죽으로 만든 탬버린, 팀파니 같은 것이 있습니다.

타악기는 누구나 쉽게 만들 수 있습니다. 이런저런 재료들을 하나하나 두드려 보고 부딪쳐 보면서 소리를 찾아 들어 본 뒤, 마음에 드는 소리를 골라 자기만의 악기를 만들 수 있습니다.

같은 유리잔이라도 물을 얼마만큼 담느냐에 따라 소리가 다르고 무엇으로 두드리느냐에 따라 소리가 다릅니다. 나무와 나무가 부딪칠 때와 나무와 쇠붙이가 부딪칠 때 나는 소리가 다릅니다.

또 사람 몸도 여러 가지 소리를 낼 수 있습니다. 손뼉 치는 소리, 손가락 퉁기는 소리, 엉덩이를 두드리는 소리도 노래와 잘 어울릴 수 있습니다.

악기를 만들고 나면 노래 반주나 악기 합주를 해 보세요. 처음에는 녹음이 되어 있는 노래나 연주를 틀어 놓고 박자를 맞춰 보다가 조금 익숙해지면 쳐야 할 자리만 치는 연습을 해 봅니다. 자신이 붙으면 노래를 부르면서 반주를 해 보고, 소리 빛깔이 다른 타악기와 함께 연주를 해 봅니다.

혼자 여러 가지 소리를 낼 수 있는 것들을 늘어놓고 양손에 젓가락이나 숟가락 같은 채를 들고 박자를 맞춰 연주를 할 수도 있지요. 다른 악기와 함께 연주할 때는 칠 때와 비울 때를 서로 나누어 합주를 하면 더 재미있는 음악이 됩니다.

나도 음반 녹음을 할 때면 녹음실에다 숟가락, 국자, 깡통, 밥그릇, 다듬이처럼 두들길 수 있는 온갖 것들을 죽 늘어놓고 노래에 따라 소리를 골라 녹음을 합니다.

지난번 어느 공연 때는 유리병만 여러 개 가지고 연주를 한 적이 있습니다. 유리병에 물을 담고 입으로 병 주둥이를 불면 소리가 납니다. 유리병 여러 개에 물을 담는 양을 다 다르게 해서 어떤 것은 '도' 소리가 나게 하고 어떤 것은 '레' '미' '파' '솔' '라' '시' 소리가 나게 해서 병을 서로 나누어 들고 음악을 연주하는 것이지요.

"두껍아 두껍아 헌 집 줄게 새 집 다오" 같은 노래는 계이름으로 하면 "미라 라라솔 라 도 라 솔 라 도 라 솔"입니다. 음이 모두 네 개가 나오지요. 그러니까 병 네 개를 두 사람이나 네 사람이 들고 이 노래를 연주할 수 있습니다. 언제 한번 손수 만들어서 불어 보세요.

악기 가운데 타악기 가짓수가 가장 많은 것은, 쉽게 만들 수 있고 또 쉽게 쓸 수 있기 때문입니다. 하지만 아무리 좋은 타악기라도 누군가 두드려 소리를 불러 내지 않는다면 아무것도 아닙니다. 또 아무리 볼품없는 타악기라도 누군가 정성껏 연주한다면 아주 훌륭한 악기가 될 수 있습니다.

어떤 타악기 소리라도 그 안에 사람의 마음과 생각이 담겨 있습니다. 소리를 새로 발견하는 것도 소리를 새로 만들어 내는 것도 음악이 주는 즐거움 가운데 하나입니다.

들어야 들리고 보아야 보입니다

들어 봐
호박잎을 두들기는 빗소리
철길을 달려가는 바람 소리

들어 봐
엿장수 아저씨의 가위 소리
뚜닥뚜닥 할머니의 다듬이 소리

들어 봐
조그만 강아지의 젖 먹는 소리
부뚜막 고양이의 코 고는 소리

들어 봐
옹알옹알 아기의 옹알이 소리
이른 새벽 예배당의 종소리

-백창우, '들어 봐'

세상에는 온갖 소리가 있습니다. 그렇지만 그 어떤 소리도 귀를 기울이지 않으면 제대로 들을 수 없지요. 자연의 소리에 귀를 기울여 보세요. 자연의 소리만큼 아름다운 음악은 없지요. 빗소리, 바람 소리, 시냇물 소리, 새소리의 아름다움을 몸으로 느껴 보세요. '듣기'가 바로 음악의 시작입니다.

세상에는 온갖 음악이 있습니다. 그렇지만 그 어떤 음악도 귀를 기울이지 않으면 제 맛을 느낄 수 없습니다. 갖가지 음악에 귀를 기울여 보세요. 많이 듣는 것만큼 훌륭한 음악 공부는 없으니까요. 자꾸 들어야 귀가 열립니다. 자꾸 듣다 보면 저절로 귀가 트이지요.

동요든 국악이든 클래식이든 어려서부터 폭넓은 음악 경험을 쌓아야 음악이 가진 깊은 맛을 느낄 수 있습니다. 좋은 음악을 스스로 가려들을 수 있는 귀는 그냥 얻어지는 것이 아니지요. 좋은 음악이 좋은 사람을 키웁니다. 어른은 아이들에게 좋은 음악을 많이 들려줄 의무가 있지요. 아이들 스스로 음악의 아름다움을 느끼고 스스로 제 개성에 따라 좋아하는 음악을 고를 수 있는 힘을 길러 줘야 합니다.

아이들은 스스로 음악을 골라 듣기 힘듭니다. 어디에 어떤 음악이 있는지도 모르고, 음악을 가려낼 눈도 아직 갖지 못했습니다. 또 스스로 음반 같은 것을 살 엄두도 못 내지요. 책을 살 때도 대개 엄마가 사다 주거나 엄마 손에 이끌려 책방에 가서 고르는 것이 고작입니다. 좋은 책을 읽는 것처럼 좋은 음악을 듣는 일도 아이에게는 꼭 필요한 일인데, 책방에서 아이와 함께 책을 고르고 있는 어른은 쉽게 볼 수 있지만, 음반 가게에서 아이와 함께 음반을 고르고 있는 어른은 찾아보기 힘듭니다. 그렇지만 또 한편 생각해 보면 아이에게 음악을 골라 줄 어른의 눈과 귀가 밝지 않다면, 무엇을 골라 줘야 할지 막막할 것입니다.

영화 '서편제'에 소리꾼으로 나오기도 한 배우 김명곤 씨가 이런 말을 한 적이 있습니다. 어떤 영화에서 절름발이 역을 맡게 되었는데 자연스러운 연기를 하려고 종로 큰길에 나가 하루 종일 다리 저는 사람을 찾아봤다고 합니다. 그랬더니, 세상에 그렇게 다리 저는 사람이 많더랍니다. 그런데 영화를 다 찍고 나서 한참 뒤에 그 자리에 다시 가 봤더니 다리 저는 사람이 통 보이지를 않더랍니다.

그렇습니다. 보아야 보입니다. 음악을 가려듣는 귀와 고르는 눈은 그냥 얻어지지 않습니다. 어른의 귀가 열리고 눈이 뜨이지 않는다면 아이들의 음악 환경도 바뀔 수가 없습니다. 그러려면 여기저기 많이 뒤져 봐야 하고 많이 기웃거려 봐야 합니다. 어디에 어떤 음악이 숨어 있는지 찾아봐야 합니다. 그것은 결국 어른에게도 아이에게도 소중한 일이 될 것입니다. 삶을 빛나게 할 무엇인가가 좋은 노래 속에, 좋은 음악 속에 숨어 있다는 것을 알게 될 것입니다.

세상에는 엄청나게 많은 음악이 있습니다. 사람 사는 곳 어디에도 음악이 없는 곳은 없습니다. 오늘도 어디에선가 새로운 음악이 빚어지고 있을 것입니다. 누구든 그 많은 음악을 다 들을 수는 없습니다. 그렇지만 좋은 음악 하나 품고 살지 못하는 삶이라면 참 불행한 삶이지요. 순창 고추장이 맛있다 한들, 해남 토하젓이 맛있다 한들, 먹어 보지 않고는 그 맛을 알 수 없습니다. 세상에 있는 모든 음악, 세상에 있는 모든 노래는 듣는 사람이 그 음악의 임자입니다. 부르는 사람이 그 노래의 주인입니다.

어떤 음악이든 여러 차례 들어 봐야 그 음악이 가진 맛을 제대로 느낄 수 있습니다. 다시 들을 때마다 새로운 느낌을 받거나 새로운 발견을 하기도 합니다. 처음에는 귀로 듣지만 점점 가슴으로 듣게 되고 나중에는 몸으로까지 듣게 됩니다.

노래도 마찬가지여서 어떤 노래든 자꾸 불러 봐야 제 맛을 알 수 있습니다. 처음에는 꽤 괜찮았던 노래가 별 맛 없는 노래가 되기도 하고, 처음에는 그저 그랬던 노래가 아주 맛있는 노래로 바뀌기도 합니다.

노래는 '익숙함'을 전제로 하는 예술입니다. 그렇기 때문에 아무리 나쁜 노래라도 수백 차례 되풀이해서 듣다 보면 자기도 모르게 몸에 배어 흥얼거리게 되고, 거꾸로 아무리 좋은 노래라도 들을 기회가 별로 없다면 그 맛을 잘 모르게 됩니다.

대중 가수들이 새 음반을 내면 돈 봉투를 뿌리면서라도 방송 횟수를 늘리려고 하는 까닭이 여기 있습니다. 우리 나라처럼 방송 의존도가 높은 나라에서 다른 방법으로 노래를 알리기란 무척 어려운 일입니다. 보통, 음반 하나를 띄우려고 판을 만드는 돈보다 몇 배나 되는 돈을 홍보비로 쓴다고 하는데, 돈 놓고 돈 먹기가 몸에 밴 음악 뚜쟁이들과 그 짓거리에 놀아나는 일부 방송 관계자들, 그리고 아는지 모르는지 그저 주는 대로 받아먹기만 하고 딴생각은 하지 않는 대중들 때문에 우리 노래 문화가 위로부터 아래로까지 이렇게 형편없어진 것은 아닌지 모르겠습니다. 이따금 돈을 받아먹은 방송 관계자들과 신문사 기자들이 검찰 조사를 받기도 하지만 그리 달라지는 것이 없습니다.

동요든 국악이든 대중가요든 클래식이든 많이 듣지 않고는, 많이 불러 보지 않고는 제 맛을 알기 어렵습니다. 알곡과 쭉정이를 가리기가 쉽지 않지요. 많이 듣는다고 해도 아무 생각 없이 아무거나 듣는다면 자기도 모르게 그 노래에 물들게 될 수 있습니다. 자꾸 듣고 자꾸 불러 보되 스스로 가늠할 수 있어야 합니다.

음악의 맛을 느낄 줄 아는 사람이 그 음악의 진짜 주인입니다.

음악에는 정답이 없습니다

음악은 보이지 않는 춤이요, 춤은 소리 없는 음악이다.

-장 폴 리히터

나는 먼저 음악을 연주하고 나중에 그게 무엇인지 말해 줄 것이다.

-마일즈 데이비스

뜻밖에도 아이들에게 음악을 '가르치려'고 하는 선생님이 많습니다. 음악은 높은음자리표와 음표, 쉼표 따위를 아는 것도, 선생님이 가르쳐 주는 대로 답을 외우는 것도 아닙니다. 음악은 '느끼는 것'입니다. 아이들에게 음악을 '안다'는 것은 그리 중요한 것이 아닙니다. 음악을 느끼지 못한다면 절대로 음악과 가까워질 수 없습니다.

아이들에게 어쩌면 악보조차도 별 쓸데가 없는 것일 수 있습니다. 악기 연주를 하려면 음 이름과 박자 정도는 알아야겠지만 보통 아이 가운데 악보를 보고 노래할 수 있는 아이는 거의 없습니다. 전문 훈련을 받지 않는 한 그것은 불가능한 일입니다.

음악 시간은 음악가를 키우기 위한 시간이 아닙니다. 아이들 스스로 음악을 즐길 수 있고, 좋은 정서와 감수성을 쌓아 갈 수 있다면 그걸로 충분합니다.

음악에 관련된 일을 하는 사람이 아니라면 어른이 되어서도 악보에 기대 노래할 일은 거의 없습니다. 평생 높은음자리표와 낮은음자리표가 어떻게 다른지에 대해 따져 볼 일도 없을 테고, 바장조가 무엇인지 가단조가 무엇인지, 두도막형식인지 세도막형식인지 도무지 써먹을 일이 없을 것입니다. 이론이나 기능으로 바라볼 때 음악은 골치 아프고, 어렵고, 지겹고, 재미없고, 잘하는 사람이나 하는 것으로 여기게 됩니다.

아이들은 학교 안팎의 음악 경험으로 이런 잘못된 생각을 갖게 됩니다. 음악을 안다는 것과 음악의 세계에 눈뜬다는 것은 다릅니다. 음악을 통해 아름다움을 보는 눈과, 듣는 귀와, 느끼는 몸을 얻지 못한다면 참 슬픈 일입니다.

교사는 답을 가르쳐 주는 사람이 아니라 발견의 기회를 주는 사람입니다. '느낌'이 무엇인지 알기도 전에 음악을 분해하고 분석하는 것을 먼저 하게 된다면, 온갖 규칙과 기호들을 외우게 된다면, 아이들은 결국 음악과 멀어질 수밖에 없습니다. 좋은 음악 선생님은 아이들에게 맘껏 뒹굴 수 있는 멍석을 깔아 주고 그 둘레에 이런저런 음악 씨앗을 뿌려 놓는 사람입니다. 아이들 스스로 바라볼 수 있도록, 아이들 스스로 느낄 수 있도록, 아이들 손을 붙잡고 음악의 숲길을 함께 거니는 사람입니다. 음악 교과서가 음악에 이르는 유일한 길이 아니라는 것을, 교과서 바깥에 엄청나게 큰 음악의 바다가 펼쳐져 있다는 것을 잊어서는 안 됩니다.

음악에는 '정답'이 없습니다. 음악 교과서에 담긴 음악이 꼭 올바른 답은 아닙니다. 똑같은 음악도 듣는 사람에 따라 '좋은 음악'이 되기도 하고, '나쁜 음악'이 되기도 하고, '그저 그런 음악'이 되기도 합니다. 교향곡의 아버지가 누구인지 아는 것은 그리 중요한 것도 아니고 정답도 아닙니다. 어떤 사람에게는 베토벤이 쓴 백 마디가 넘는 음악보다 여덟 마디밖에 안 되는 아프리카 민요가 더 좋은 음악일 수 있습니다.

음악 교과서에 담긴 전래 동요와 민요와 국악과 창작 동요는 우리 나라 음악의 일부분일 뿐이고 정답도 아닙니다. 음악 교과서에서 만나는 다른 나라 음악도 세계 여러 나라 음악 가운데 아주 작은 부분일 뿐입니다. 몽골 음악이 어떤지, 멕시코나 브라질 음악이 어떤지, 인도나 자메이카 음악이 어떤지 교과서만으로는 맛을 볼 수조차 없습니다.

좋은 음악 선생님은 음악에는 정답이 없다는 것을 가르쳐 주는 선생님입니다. 음악 교과서 바깥에 더 많은 음악이 있다는 것을 알려 주는 선생님입니다. 음악 하나하나가 다 다르다는 것을 말해 주는 선생님입니다.

어느 나라든 그 나라의 노래에는 그 나라 사람들의 빛깔이 담겨 있습니다. 프랑스 노래는 프랑스 노래답고 독일 노래는 독일 노래답고 아프리카 노래는 아프리카 노래답습니다.

노래는 사람이 만드는 것이기 때문에 노래 속에는 노래를 만든 사람의 삶과 정서와 문화가 스며들어 있습니다. 그 사람이 딛고 사는 땅의 풍토와 가락이 숨쉽니다. 숟가락, 젓가락을 쓰고 날마다 밥과 국을 먹는 나라의 노래하고, 포크와 나이프를 쓰고 날마다 빵과 고기를 먹는 나라의 노래는 다를 수밖에 없습니다.

제 나라 음악은 쥐뿔도 모르면서 남의 나라 음악은 줄줄 외운다면 그것이야말로 헛똑똑이입니다. 힙합이 어떻고 리듬앤블루스(R&B)가 어떻고 늘어놓으면서 '토리'가 무엇인지 '아니리'나 '발림'이 무엇인지 '시김새'가 무엇인지는 감감하고, 단조가 무엇인지는 알아도 서름조(계면조)는 들어 본 적도 없고, 모차르트나 파바로티나 에릭 클랩튼이 누구인지는 알아도 신재효가 누구인지 송만갑이나 임방울, 김명환이 누구인지 모른다면 정말 헛배우는 것이 아닐 수 없습니다. 뿌리 없는 나무가 어디 있겠습니까? 우리 것을 알아야 남의 것도 제대로 알 수 있습니다. 빵이 맛있다 해도 우리에게는 밥 다음입니다. 햄버거와 샐러드와 케첩이 맛있다고 밥과 김치와 고추장이 놓인 밥상을 치워 버린다면 삶을 치워 버리는 것과 다를 것이 없습니다.

음악 교과서에 우리 음악이 많이 들어 있으면 뭐 하나요? 가르치는 선생님도, 배우는 아이도 서먹서먹하고 어렵고 낯설다고 그냥 대충 지나치기 일쑤인 것을요. 우리 나라 아이가 우리 나라 아이로 자라려면 음악교육부터 바꾸어야 합니다. 어려서부터 우리 음악을 자연스럽게 몸과 마음으로 느끼면서 자라야 합니다. '국악 동요' 라는 말도 '국악과' 라는 말도 다 없어져야 합니다. 그냥 동요라고 하면 우리 동요, 음악이라 하면 우리 음악을 가리키는 말이 되어야지요.

음악은 몸과 마음으로 '느끼는 것' 입니다.

음악에는 정답이 없습니다.

아이들은 슬픈 노래도 좋아합니다

많은 어른들이 아이들은 오직 밝고 즐거운 노래만을 좋아한다고 생각합니다. 아이들에게 슬픈 정서를 담고 있는 노래를 들려주는 것은 좋지 않다고 믿고 있습니다.

오랫동안 굴렁쇠아이들하고 동요를 불러 오면서 아이들에게도 기쁨, 즐거움의 정서와 함께 슬픔, 노여움, 외로움의 정서가 있다는 것을 알게 되었습니다. 아이들은 슬픈 노래도 좋아합니다. 여럿이 모여 노래할 때는 밝고 즐거운 노래를 많이 부르지만 혼자 노래할 때는 오히려 슬픈 노래를 더 많이 부릅니다.

〈우리 반 여름이〉 음반에 있는 '꽃다지야' 나 '우리 뒷집 할머니', 〈딱지 따먹기〉 음반에 있는 '비 오는 날 일하는 소' 같은 노래는 참 슬픈 노래인데 아이들은 이 노래들을 무척 좋아합니다. 저희들 마음대로 말입니다. 아이들이라고 밝고 명랑한 노래만 좋아하는 것은 아닙니다. 그것은 어른들이 억지로 만든 '답' 일 뿐입니다. 아이들은 슬픈 노래도 좋아합니다.

아이든 어른이든 흥얼거릴 수 있는 동요 가운데 대부분은 1920년대와 1930년대에 나온 동요들입니다. 이때 나온 동요들을 살펴보면 밝고 명랑한 노래도 있지만 '따오기' 나 '오빠 생각' 처럼 슬픈 노래도 꽤 많습니다. 그렇지만 해방 뒤 지금까지 교과서에 실린 동요나 방송에서 나온 창작 동요들을 보면 슬픈 노래를 찾아보기 어렵습니다. 어린이 노래에 '슬픔' 같은 것이 있어서는 안 된다는 말일까요?

또 노래 가운데는 쉬운 노래도 있고 어려운 노래도 있습니다. 한두 차례 듣기만 해도 금방 따라 부를 수 있는 노래도 있고 여러 차례 들어도 쉽게 따라하지 못하는 노래도 있습니다. 그렇지만 부르지 못할 노래는 없습니다. 아주 잘 부를 수 없을지는 몰라도 세상에 아예 못 부를 노래는 없습니다. 아주 어려워 보이는 노래도 자꾸 듣고 부르다 보면 자기도 모르게 점점 쉬워집니다.

어른들 가운데 아이들 노래는 쉬워야 한다고 생각하는 사람이 많습니다. 이런 사람들은 동요가 좀 어려워 보이면 이것이 무슨 동요냐고 합니다. 아니, 노래가 조금 길기만 해도 이것을 아이들이 어떻게 부르느냐고 합니다. 이것도 어른들이 가진 '굳은 생각' 가운데 하나입니다. 아이들은 어른들 생각하고 다를 때가 많습니다. 어른들 눈에 아주 어려워 보이는 노래도 아이들은 별로 어렵다고 생각하지 않을 수 있습니다. 아주 긴 노래인데도 아무렇지 않게 따라 부르기도 합니다. 어른들이 따라 하기 힘들어하는 원더걸스나 소녀시대 노래를 아이들은 어렵다고 생각하지 않습니다. 아이들은 어른과 달리 노래를 별로 두려워하지 않습니다. 아마 '굳은 생각'으로 노래를 바라보지 않기 때문일 것입니다.

굴렁쇠아이들하고 이원수 동요 음반 두 장을 낸 뒤 내가 새롭게 깨달은 것 하나는 아이들에게 '싫은 노래'는 있을지 몰라도 '어려운 노래'는 없다는 것입니다. 그 음반에 담긴 노래 가운데 아이들이 좋아하는 노래인 '우는 소'는 50마디가 넘고 4분의 4박자와 4분의 3박자가 뒤섞인 노래지만 아이들한테 길다거나 어렵다는 이야기를 들어 보지 못했습니다.

또 '전봇대'나 '해바라기' 같은 노래는 아이들이 너무 어려워할 것 같아 어른 가수에게 부르도록 했는데 음반이 나온 다음에 굴렁쇠아이들이 몹시 서운해했습니다. 이런 좋은 노래를 자기들한테 부르게 하지 않았다고 말입니다. 또 그 음반에는 우리 노래의 기본 장단인 8분의 12박자 노래가 여러 곡 들어 있고 우리 가락을 바탕으로 만든 노래가 절반이 넘지만 아이들은 별로 어려워하거나 낯설어하지 않았습니다.

아이들은 노래를 배울 때 8분의 12박자든 4분의 4박자든, 샤프(#)가 두 개 붙은 노래든 플랫(b)이 세 개 붙은 노래든 그런 것 때문에 미리 어렵다고 생각하지 않습니다. 어차피 듣고 배우는 것이지 악보 보고 배우는 것이 아니기 때문입니다. 샤프(#)가 많이 붙거나 플랫(b)이 많이 붙은 노래일수록 교사들의 악보 쓰임새가 떨어진다는 조사 결과가 있던데, 그것도 언제나 악보를 곧이곧대로 연주하려는 생각 때문일 수 있습니다.

노래를 알기만 한다면 목소리 하나만으로도 얼마든지 노래를 가르칠 수 있습니다. 노래가 어렵다든가 슬프다든가 길다든가 하는 것은 별 문제가 아닙니다. 또 민요라고 해서 아이들이 싫어하는 것도 아닙니다. 아이들에게는 '좋아하는 노래'와 '좋아하지 않는 노래', 그리고 '그저 그런 노래'가 있을 뿐입니다.

노래 가운데는 꼭 스스로 부르지 않더라도 듣기에 좋은 노래도 있습니다. 또 동요라고 해서 모두 금방 배우거나 금방 익혀야만 하는 것은 아닙니다. 어떤 노래는 음반에 실려 있어도 몇 달이 지나서야 그 노래를 다 익히게 되는 것도 있습니다. 어른의 잣대로 아이들을 재지 말아야 합니다. 아이들은 어른들 생각 바깥에 있습니다.

노래 못하는 아이는 없습니다

어른들이 만든 잣대 가운데 아주 잘못된 것이 하나 있습니다. 어른들은 아이들을 앞에 두고 "얘는 노래를 못해" "쟤는 노래를 잘해" "우리 아이는 노래를 지지리도 못해요" 따위 말을 쉽게 합니다. 그렇지만 노래 부르는 것이 싫어서 노래를 잘 안 하는 아이는 있을지 몰라도 노래를 아예 못하는 아이는 없습니다.

내가 초등학교 5학년인가 6학년 때 일입니다. 교회에서 무슨 발표회를 준비하느라 아이들과 함께 노래 연습을 하고 있었습니다. 그런데 교회 전도사님이 나한테 "너는 다른 것을 하는 것이 좋겠다"고 했습니다. 나는 그 뒤 몇 해 동안 사람들 앞에서 노래 부르는 것을 싫어하고 두려워하게 되었습니다. 노래를 참 좋아했는데 그만 노래 부르는 일에 주눅이 들고 만 꼴이지요.

언젠가 무슨 행사를 마치고 만화가 박재동 선생님과 감자탕집에서 술을 한잔 하면서 이런저런 이야기를 나누다 그분도 나와 비슷한 기억을 가지고 있다는 것을 알았습니다. 그러니까 어렸을 때, 집안 식구들이 다 모인 날이었는데 집안 어른 한 분이 어린 재동이를 건너다보면서 "우리 식구는 다 노래를 잘하는데 재동이는 누구를 닮아 저렇게 노래를 못하는지 몰라" 하더랍니다. 그런 일을 겪으면 아이들은 대개 속으로 풀이 죽거나 '씨, 내가 다시 노래를 하나 봐라' 하는 마음을 먹게 마련인데, 어린 재동이는 마음속으로 오기 같은 것이 치솟아 그 뒤에 두고두고 남이 안 보는 데서 동요를 열심히 연습했다고 합니다. 그 탓으로 어른이 되어서도 동요밖에는 잘 부르는 노래가 없다면서 웃더군요.

아이들은 저마다 목소리 빛깔이 서로 다르고 가장 낮게 낼 수 있는 음과 가장 높게 낼 수 있는 음이 서로 다릅니다. 그러니 미리 정해 놓은 어떤 기준과 다르다고 해서 노래를 못한다고 기를 죽이거나 주눅들게 해서는 안 됩니다. 어른의 생각 없는 한마디 말에 아이는 상처받을 수 있고, 그 상처는 어른이 되어서까지 낫지 않을 수 있습니다.

노래하는 방식은 크게 두 가지로 나눌 수 있습니다. 한 가지는 말하듯 목소리를 그대로 내 부르는 것이고, 또 한 가지는 소리를 곱게 다듬어 머리소리(두성)를 섞어 부르는 것입니다. 동요 음반을 보기로 들자면 굴렁쇠아이들 음반과 리틀엔젤스나 선명회 어린이 합창단 음반 노래 소리가 많이 다르지요. 굴렁쇠아이들 음반은 아이들 목소리를 그대로 살려 노래한 것이고, 리틀엔젤스나 선명회 어린이 합창단 음반은 훈련된 목소리로, 머리소리를 섞어 노래한 것입니다. 앞의 것은 소리가 투박하고 거칠기는 하지만 목소리의 고유한 빛깔이 그대로 살아 있고 노랫말을 잘 알아들을 수 있는데, 뒤의 것은 소리가 곱고 화음도 잘 이루어지지만 한 사람 한 사람이 가진 소리 빛깔이 잘 살지 않고 노랫말도 알아듣기 어렵지요.

하지만 이런 구분법이 그리 오래된 것은 아닙니다. 1959년에 우리 나라에서 어린이 합창의 소리내기(발성법)에 대해 논란이 있었습니다. 한쪽은 세계 어린이 합창의 소리내기를 따라 우리 나라도 옛날 발성(흉성법)을 버리고 현대식 발성(두성법)으로 노래해야 한다는 주장이었고, 다른 한쪽은 현대식 발성이 우리 나라 아이들에게 맞겠느냐 하는 주장이었지요.

그런데 앞쪽 주장이 더 힘을 얻었는지 두성법에 따른 소리내기가 널리 퍼지고 말았습니다. 그 뒤로 많은 사람들이 머리소리를 섞어 부르는 방식만 노래를 잘 부르는 것으로 여기게 되었습니다. 나는 이러한 일이 우리 아이들 노래를 다 버려 놓았고 보통 아이들에게서 참다운 노래 부르기를 빼앗아 갔다고 생각합니다. 노래를 좀 한다 하는 아이들은 이렇게 훈련된 소리로 노래를 하고 어느새 그렇게 부르는 노래만을 잘 부르는 노래로 여기게 되었습니다. 어린이 합창단 노래나 창작 동요제에 나오는 아이들 노래를 잘 들어 보세요. 그러니 노래 훈련을 따로 받지 않은 아이들은 사람들 앞에서 혼자 노래하는 것을 두려워하게 되었습니다. 그런 노래를 듣다 보니 자기가 노래를 못 부른다고 생각하게 된 것이지요. 이것은 정말 잘못된 일입니다. 노래의 진짜 주인인 아이들이 왜 노래에 주눅들어야 하나요.

나는 잘 훈련된 어린이 합창단 노래도 때로는 아름답다고 생각하지만 아이답게 느껴지지는 않습니다. 오히려 말하듯 노래하는 보통 아이들 소리가 더 좋습니다. 더 아이답게 느껴집니다. 내가 다른 이름난 어린이 합창단의 노래보다 굴렁쇠아이들의 노래를 더 좋아하는 까닭이 여기 있습니다.

굴렁쇠아이들에서 새로 활동할 아이를 뽑을 때도 아이가 정말 노래를 좋아하는지부터 먼저 살핍니다. 노래를 얼마나 잘하는가 하는 문제는 그다음이지요. 그리고 공연을 하든 음반 녹음을 하든 아이들에게 몇십 번씩 되풀이 연습을 시키지 않습니다. 그저 몇 차례 불러 보고 스스로 알아서 익히도록 합니다. 노래하는 일이 즐겁지 않고 괴롭고 힘들다면 노래를 할 까닭이 어디 있겠습니까.

잘 부르는 노래는 마음을 담아 부르는 노래입니다. 기쁘거나 슬프거나, 즐겁거나 신나거나, 스스로 노래하면서 어떤 감정을 느낄 수 있다면 그것으로 충분합니다. 노래의 진짜 주인이 되어야 할 아이들을 어른의 잣대로 재서 억누르는 것은 폭력입니다. 아이들에게 노래를 빼앗을 권리는 누구에게도 없습니다.

음이나 박자가 악보랑 좀 다르면 어떻습니까. 사람을 위해 노래가 있는 것이지 노래를 위해 사람이 있는 것이 아닙니다.

무엇보다 아이들 마음을 더 귀하게 여겨야 합니다. 어른의 잣대로 아이를 재지 말아야 합니다. 세상에 노래 못하는 아이는 없습니다.

노래를 맛있게 부르려면

말을 배울 능력이 있는 사람은 모두 노래를 배울 수 있다. 문제는 아무도 어머니가 아이들을 말의 세계로 이끌 때 지니는 사랑으로 아이들을 음악의 세계로 이끌지 않는다는 데 있다.

–윤구병, 《조그마한 내 꿈 하나》에서

아이들은 새로운 노래에 호기심을 갖게 마련입니다. 그것도 자기가 믿고 따르는 어머니나 선생님한테 새 노래를 배우게 될 때는 더 그렇지요.

새로운 노래에 대해 갖는 느낌 가운데 절반쯤은 그 노래를 처음 불러 준 사람으로부터 받는다고 할 수 있습니다. 그래서 아이들에게 처음 노래를 불러 줄 때는 마음을 담아 정성껏 불러야 합니다.

노래를 맛있게 부르려면, 느리게 부를 노래는 느리게 부르고 빠르게 부를 노래는 빠르게 불러야 합니다. 작게 부를 노래는 작게 부르고 크게 부를 노래는 크게 불러야 합니다. 슬프게 부를 노래는 슬프게 부르고 신나게 부를 노래는 신나게 불러야 합니다. 길게 부를 것은 길게 부르고 짧게 부를 것은 짧게 불러야 합니다. 또 높은 소리로 불러야 할 노래도 있고 낮은 소리로 불러야 할 노래도 있습니다.

어떤 선생님은 모든 노래를 빠르고 힘차게, 또는 밝고 신나게 부르라고 합니다. 그것은 노래를 맛있게 부르는 방법이 아닙니다. 같은 노래라도 느리게 부를 때와 빠르게 부를 때, 높게 부를 때와 낮게 부를 때 느낌이 다릅니다.

아이들과 노래를 맛있게 부르려면 첫째, 노랫말이 가진 빛깔과 느낌을 살려야 합니다. 노랫말이 슬픈데 크고 높고 밝고 힘차게 부른다면 노래의 맛을 잃기 쉽습니다. 마찬가지로 노랫말이 환하고 즐거운데 어두운 빛깔, 슬픈 빛깔로 노래한다면 노래가 망가지고 맙니다.

둘째, 음역에 맞게 노래해야 합니다. 악보가 바장조로 되어 있다고 곧이곧대로 모든 아이들에게 바장조로만 부르게 한다면 음역이 맞지 않는 아이도 있을 것입니다. 노래를 불러 주는 선생님도 자기가 잘 낼 수 있는 음높이로 맞춰 불러야 합니다. 악보대로 불러야 한다는 굳은 생각은 버려야 합니다.

노래를 어느 만큼 익힌 뒤에는 음높이에 따라 모둠을 서너 개로 나누어(바장조로 부를 아이들 모둠, 마장조로 부를 아이들 모둠, 라장조로 부를 아이들 모둠) 불러 보도록 합니다. 노래를 조바꿈해서 반주하는 데 자신이 없다면 노래를 익힌 뒤에 그냥 반주 없이 불러도 괜찮을 것입니다. 이때 조심해야 할 것은, 높게 부르는 것은 높게 부르는 대로, 낮게 부르는 것은 낮게 부르는 대로 저마다 느낌이 다르다고 생각해야 합니다. 마치 높게 부르는 것이 잘 부르는 것처럼 아이들이 잘못 생각하게 해서는 안 되지요.

셋째, 새 노래를 처음 부를 때 노래를 토막 내지 말고 통째로 불러야 합니다. 처음부터 두 마디나 네 마디씩 듣고 따라하게 하는 방법은 노래를 느낌이 아니라 기능으로 만나게 할 수 있습니다. 아이들이 금방 익히지 못하더라도 노래를 통째로 두세 번 불러 준 다음 함께 한두 번 불러 보고 나서 가장 잘 틀리거나 어려워하는 자리만 따로 익히는 것이 좋습니다.

함께 부를 때도 처음에는 선생님 소리를 잘 들으면서 조그맣게 부르다가 나중에 좀 자신이 붙으면 더 크게 부르도록 하는 것이 좋습니다. 너무 악보에 기댈 필요는 없습니다. 아이들은 '보고 배우는 것' 보다 '듣고 배우는 것' 을 더 쉽게 생각합니다.

새로운 노래는 새로운 세계입니다. 노래를 가르치는 이는 아이들을 새로운 세계로 안내하는 길잡이입니다. 아이들이 발견의 기쁨을 갖도록 세심하게 살펴 주어야 합니다.

동요를 부르지 않는 아이들

아이들은 본디 노래 부르기를 좋아합니다. 그런데 요즈음, 아이들이 동요를 잘 부르지 않는다고 합니다. 아이들이 점점 동요를 멀리하는 까닭이 무엇일까요?

첫째, 재미가 없기 때문입니다. 큰 아이들(4학년~6학년)한테 물어보니, 솔직히 말해 동요는 재미가 없다고 합니다. 음악 교과서에 나오는 노래는 음악 시간에나 부르지 학교 밖에서는 거의 부르지 않는답니다.

'재미' 라는 말에는 여러 가지 뜻이 함께 담겨 있습니다. 우리는 아주 슬픈 영화를 보고도 재미있다는 말을 합니다. 동화나 만화도 마찬가지입니다. 거기 나오는 주인공 '모습' 이나 하는 '짓' 때문에 재미있어하기도 하고, 생각하지 못한 것이 나오거나 새로운 것을 알게 되어 재미있어하기도 합니다.

창작 동요가 재미없다면 그것은 창작 동요에 아이들 삶이나 모습, 말과 몸짓이 생생하게 담겨 있지 않아서일 것입니다. 또 노랫말이나 가락이 너무 틀에 박혀서일 것입니다. 뚜렷한 '이야기' 는 없고 새로울 것도 없는 뻔한 '풍경' 만 펼쳐져 있어서일 것입니다. 감동도 재미도 없는 노래들이 아이들 마음을 움직일 리 없습니다. 그러니 아이들이 나이에 맞지 않은 노랫말이 나오더라도 신나고 익숙한 댄스 음악이나 테크노 음악에 더 끌릴 수밖에 없습니다.

둘째, 마땅히 부를 일이 없기 때문입니다. 요즈음 아이들은 통 시간이 없습니다. 날마다 시간 맞춰 학원 가랴, 텔레비전 보랴, 컴퓨터 게임 하랴, 정신이 없습니다. 놀 시간이 없는 아이는 노래할 시간도 없습니다. 전래 동요를 보면 거의 다 놀이 속에서 놀이와 함께 부른 노래들입니다. 그러나 요즘 아이들은 학교에서 어쩌다 갖는 음악 시간을 빼고 나면 도무지 노래 부를 일이 없습니다. 동무들과 날마다 어울려 놀아야 이런 것도 해 보고 저런 것도 해 보고, 이런 노래도 불러 보고 저런 노래도 불러 보고, 서로 가르치고 배우고 함께 불러 보기도 하고 그럴 텐데 그러지를 못합니다. 그렇다고 어른들이 그 몫을 하지도 못하고. 그러니 멀어질 수밖에 없겠지요.

셋째, 어떤 노래가 있는지 모르기 때문입니다. 누구든 아는 노래뿐 아니라 새로운 노래를 익혀 부르고 싶은 욕구가 있게 마련인데, 아무리 좋은 노래가 있더라도 아이들에게 들려줄 길이 별로 없습니다. 어떤 노래가 있는지 알아야 아이들도 부르든지 말든지 할 것이 아닙니까. 어떤 노래든 몇 번이라도 들어 봐야 부를지 말지, 좋아할지 말지 마음을 정할 텐데 아이들과 노래가 따로 놀아서야 죽도 밥도 안 됩니다.

넷째, 노래 말고도 재미있는 것이 많기 때문입니다. 놀 시간이 나더라도 온갖 것들이 아이들을 둘러싸고 있어서 아이들 마음이 노래에까지 가 닿지 못합니다. 보고 싶은 만화 비디오도 많고, 새로 나온 게임도 많고, 문방구에도 뭐 새로 나온 스티커라도 없나 둘러봐야 하고……. 살 것도 많고 할 것도 많습니다. 그러니 동요 따위야 뒷전이지요.

그 밖에도 생각해 보면 아이들이 동요를 멀리하는 까닭이 또 있을 수 있겠지만 위에 든 것만으로도 참 큰일이구나 싶습니다. 쓸 만한 동요도 많지 않고, 새로운 동요가 아이들에게 전해질 길도 별로 없고, 아이들은 아이들대로 놀 시간조차 없고, 노래 부를 일도 없고, 장사꾼들이 만든 온갖 볼거리, 놀거리들이 아이들을 둘러싸고 있고, 학교도 부모도 신문도 방송도 만날 공부, 공부 해 대기만 해 동요가 설 자리가 없습니다.

아이들에게 다시 동요를 돌려줄 수 있는 방법이 무엇일까요? 어른들이 다 망가뜨려 놓은 것이니 어른들이 다시 고쳐 놓아야 합니다. 학교와 대중매체가 그 일을 제대로 해낼 수 없다면 한 어른이, 한 교사가, 한 엄마가 그 일을 해야 합니다.

노래를 만드는 사람은 스스로를 가둔 담장을 허물고 아이들 세상으로 걸어 나와야 할 것이고, 동요 음반을 만드는 사람은 아이들 음반이라고 아무렇게나 만들지 말아야 합니다. 교사는 교사대로, 어머니는 어머니대로, 아이들이 좋은 동요를 만날 수 있도록 도와줘야 합니다. '참다운 동요'를 찾아 아이들에게 돌려줘야 합니다.

동요를 부르지 않는 아이들은 불행합니다.

동요를 부르지 않는 아이들이 사는 세상의 어른들은 불행합니다.

깡통 음악에 길드는 아이들

'귀를 버린다'는 말이 있습니다. 인스턴트 음식에 오래 길들다 보면 본디 가졌던 제 입맛을 잃어버리고 맛을 제대로 가늠하지 못하게 되기도 한다는데, 잘 드러나지 않아서 그렇지 음악도 마찬가지입니다.

아이들이 많이 듣게 되는 음악을 크게 두 갈래로 나누어 보면, 한 가지는 교과서 동요와 방송 동요(창작 동요제 동요, 창작 동요)일 것이고 또 한 가지는 텔레비전에 자주 나오는 대중가요일 것입니다.

교과서 동요와 방송 동요를 살펴보면 둘은 그리 다를 것이 없습니다. 노랫말, 가락 모두 해방 뒤 굳게 뿌리를 내린 어떤 틀에 갇혀 있습니다. 너무나 뻔하디 뻔합니다. 아이들 삶은 한 해가 다르게 바뀌어 가는데 아이들 노래는 이렇게 오랫동안 한자리에 고여 있으니 싱싱할 까닭이 없습니다.

"아버지가 닦아 놓은 / 새마을 길로 / 우리들은 즐겁게 / 학교 갑니다"(1974년, 1학년 음악 교과서에 애국가 다음으로 나오는 동요, '새마을 어린이'에서) 따위의 유치한 이념이 담긴 노래는 이제 보이지 않지만, 요즘 창작 동요에서도 아이들 삶이나 생각, 마음을 찾아볼 수 없기는 마찬가지입니다. 재미도 감동도 없습니다. 그야말로 뻔한 '풍경만 있고 삶이 없는 노래'들뿐입니다. 자판기 깡통처럼 크기만 조금 다를 뿐 그게 그거입니다.

또 아이들이 텔레비전, 컴퓨터, 엠피쓰리(MP3)를 통해 자주 듣게 되는 대중가요는, 대중가요의 여러 갈래 가운데서도 아주 일부일 뿐입니다. 에이치오티, 지오디, 핑클, 에스이에스 이후 지금까지 그 줄기가 이어져 온 '아이돌 음악' 이 그것이지요.

이 노래들을 살펴보면 몇 가지 특징이 보입니다.

첫째, 어느 나라 음악인지 알 수가 없습니다. 투애니원, 투피엠, 투에이엠, 슈퍼주니어, 원더걸스, 미스에이, 샤이니, 브라운아이드걸스, 비스트, 빅뱅, 시크릿, 엠블랙, 카라, 티아라, 씨스타, 아이유, 씨엔블루…… 이름도 영어 일색입니다. 신화, 동방신기, 소녀시대 같은 이름도 중국이나 일본풍이구요. 노랫말이나 음악의 멜로디도 미국, 유럽, 일본 정서가 뒤범벅입니다. 영어 몇 마디 섞지 않으면 노래가 안 되나 봅니다.

I Don't Care 그만할래 니가 어디에서 뭘 하든
이제 정말 상관 안 할게 비켜 줄래
이제 와 울고불고 매달리지 마
You Know I Don't Care e e e e e

-투애니원, 'I Don't Care' 에서

Uh uh uh uh Hurricane Uh uh Venus
Uh uh uh uh Hurricane Uh uh Venus
스르륵 스르륵 덮치며 스르륵 스르륵 네 몸을 깨워
Hurri Hurri Hurricane VeVe Venus

-보아, 'Hurricane Venus' 에서

Bring Bring 너를 내게 가져다 줘
뭐라도 난 하겠어 더한 것도 하겠어

빙빙 도는 나의 Fantasy에
모든 걸 걸겠어 널 내가 갖겠어

-브라운아이드걸스, 'Abracadabra' 에서

너무 반짝반짝 눈이 부셔 No No No No No
너무 깜짝깜짝 놀란 나는 Oh Oh Oh Oh Oh
너무 짜릿짜릿 몸이 떨려 Gee Gee Gee Gee Gee
Oh 젖은 눈빛 Oh Yeah Oh 좋은 향기 Oh Yeah Yeah Yeah

-소녀시대, 'Gee' 에서

Sorry Sorry Sorry Sorry 내가 내가 내가 먼저
네게 네게 네게 빠져 빠져 빠져 버려 Baby
Shawty Shawty Shawty Shawty 눈이 부셔 부셔 부셔
숨이 막혀 막혀 막혀 내가 미쳐 미쳐 미쳐 Baby

-슈퍼주니어, 'Sorry Sorry' 에서

Ma Ma Ma Ma Madonna donna Madonna donna donna
모두가 Hot Hot 나땜에 나땜에 나땜에 Hot Hot Hot
Madonna donna Madonna donna donna
느껴 봐 날 날 모두 다 모두 다 모두 다 Hot Hot Hot

-시크릿, 'Madonna' 에서

난 뭔가 다른 걸 Sexy한 Baby Girl
넌 푹 빠질 걸 미쳐 버릴지도 몰라
난 색다른 걸 Sexy한 Baby Girl
넌 완전 빠질 걸 이젠 나만 바라봐 줘

Push Push Baby 맘을 받아 줘(Hey)
Push Push Baby Boy(I want SISTAR)
Push Push Baby 달콤한 말로(Hey)
Push Push Baby Boy(Push Push Baby Boy)

-시스타, 'Push Push' 에서

손발을 Do it! 단 둘이 둘이 이 밤을 Take it
달빛을 켜서 네 맘을 비춰 자 내게 보여 줘
Baby U Don't Have To Worry Everything's Alright~

-아이비, '유혹의 소나타' 에서

나만의 Honey Honey Honey
돌아서야 하니 하니 하니
언제나 난 너 하나만을 원하고 있는데
Oh Baby Honey Honey Honey
나의 맘에 Honey Honey Honey
간절하게 너 하나만을 바라고 있잖아

-카라, 'Honey' 에서

둘째, 이들 노래는 '듣는 음악' 이 아니라 '보는 음악' 에 훨씬 더 가깝습니다. 예쁘장한 얼굴, 갖가지 머리 모양과 옷가지, 그리고 액세서리, 노래 시작부터 끝까지 쉴 새 없이 비비고 돌고 뛰는 춤, 이런 것들이 노래보다 더 중요한 듯이 다뤄집니다. 음악을 틀어 놓고 거기에 맞춰 입만 벙긋거리는 립싱크가 유행하는 것도 다 그런 까닭입니다.

셋째, 온통 인스턴트 음악입니다. 인공 소리를 중심에 놓는 음악으로, '깡통 음악' 이라고 불러도 될 만큼 어슷비슷합니다. 새로 만들기보다는 이미 있는 것들을 잘 짜깁기하는 기술이 더 필요한 음악입니다. 끊임없이 되풀이하는 리듬에는 한 치 어긋남도 없습니다. 컴퓨터로 통제하기 때문입니다.

자연 악기로 연주한 클래식 음반은 취향에 안 맞아 즐기지 않는 사람은 있어도, 몇십 년을 넘게 들었더니 질려서 더 이상 못 듣겠다는 사람은 없습니다. 그러나 인공 소리를 중심에 놓는 댄스나 테크노 음반은 몇 달도 듣기가 힘듭니다. 곧 질리기 때문이지요. 댄스 가수들은 몇 달 정도 되면 방송에서 부르는 노래를 바꿉니다. 듣고 보는 사람이 지겨워하기 전에 새로운 노래와 춤을 들고 나타납니다.

이런 음악은 음식으로 말하자면 화학조미료나 방부제가 잔뜩 들어간 음식과 같습니다. 아이들 처지에서 보면 '맞지 않는 옷' 이기도 하고 '불량 식품' 이기도 합니다.

이런 음악에 길들면 우리 아이들 귀를 다 버리게 됩니다. 몸에 있는 귀나 마음에 있는 귀 모두 말입니다.

창작 동요제, 슬쩍 들여다보기

1980년대부터 우리 나라 창작 동요의 한 축을 이루고 있는 것이 바로 방송국에서 해마다 여는 창작 동요제입니다. 창작 동요는 대개 방송, 음반 같은 대중매체나 교육기관에서 보급하기 때문에 방송국에서 여는 창작 동요제는 그 비중이 아주 큽니다.

1983년, MBC에서 처음 시작한 뒤 다른 방송국에서도 잇따라 비슷한 동요제를 열고 있습니다. 수많은 창작 동요가 이런 동요제에서 발표되었습니다. 꼬박꼬박 음반으로도 묶여 나오고 그 가운데 몇 곡은 교과서에도 실렸습니다. 본선에 올라가 방송과 음반으로 선보인 곡만 해도 몇백 곡이니 예선에서 걸러진 노래까지 더하면 엄청난 동요를 만든 셈입니다. 동요제마다 이삼백 곡쯤은 보통입니다.

그 많은 노래 가운데 몇 곡이나 살아남았을까요? 아름다운 노랫말과 가락을 가진 '노을', 장조와 단조가 섞여 신선한 느낌을 준 '아기 염소' 정도가 생각납니다. 교과서에 실린 노래까지 다 꼽는다 해도 열 곡 기억하기가 쉽지 않습니다. 이것은 나뿐 아니라 아이들도 마찬가지입니다. 이렇게 많은 동요가 새로 나오는데 왜 아이들은 다른 데만 쳐다보는 것일까요?

어찌어찌하다 방송국 창작 동요제에서 두어 번 심사를 보게 되었습니다.

심사를 맡아 달라고 했을 때, 나는 창작 동요제를 반대하는 사람이고 아이들 노래에 점수를 매기는 것이 옳지 않다고 생각하는 사람이라 나갈 수 없다고 거절을 했지만, 나 같은 사람도 한 사람쯤 있어야 한다고 해서 맡게 되었습니다. 또 마음 한켠에, 어떤 노래들이 있을까 궁금하기도 했습니다.

200곡이 넘는 노래를 살펴보고 새삼 놀랄 수밖에 없었습니다. 어쩌면 이렇게 10년 전이나 20년 전하고 바뀐 것이 없을까요. 노랫말도 가락도 다 그놈이 그놈처럼 보였습니다. 노랫말을 쓴 사람들이나 작곡을 한 사람들 모두가 마치 한 교실에서 한 선생님에게 지도를 받은 것처럼 노래가 서로 어슷비슷했습니다. 한 두어 사람이 다 썼다고 해도 될 것 같았습니다.

일찍이 교과서 동요가 답으로 만들어 놓은 몇 가지 '공식'에서 벗어난 노래는 쉽게 눈에 띄지 않았습니다. 어떻게 이런 일이 있을 수 있을까요? 창작이야말로 가장 자유로운 행위이고 새로운 것을 꿈꾸는 일이 아닌가요? 참 놀랄 만한 일입니다. 그 뒤로는 방송국에서 부탁해 온 동요 심사 자리는 다 마다하고 나가지 않았습니다.

내가 너무 편견이 심한 것은 아닌가 하는 생각에 창작 동요제 본선에 나온 악보를 다 모아 다시 살펴보았습니다. 노래가 너무 많아 여기서는 창작 동요제를 처음 시작한 MBC 창작 동요제 노래 가운데 1회부터 15회까지 본선에 나온 노래 234곡만을 살폈습니다.

먼저, 교훈이 담긴 노래들이 너무 많습니다. 어른들은 노래로도 자꾸 아이들에게 무엇인가를 가르치려 듭니다. 요즈음에는 음악 교과서가 많이 바뀌기는 했지만 그동안 음악 교과서에는 줄기차게 나라 사랑이나 위인에 대한 노래, 기념일에 부르는 노래, 스승이나 어머니에 대한 사랑 노래, 공부, 질서, 예절 따위 교훈이 드러난 노래를 많이 실었습니다. '태극기' '대한의 노래' '무궁화' '국군 아저씨' '건설의 노래' '과학의 노래' '스승의 은혜' '어머님 은혜' '고마운 책' '인사' '길 조심' ……. 창작 동요제에 나온 노래 가운데도 이런 흐름과 맥이 닿는 노래가 여러 곡 보입니다.

옛부터 길러온 지혜와 덕성
이 땅에 무궁화 새로 피네.
그 향기 누리에 퍼지도록
정성껏 받드세 이 나라 이 땅.

-교과서에 실린 노래 '무궁화 새로 피네' 2절

여명이 밝아 오는 동방의 나라
한 줄기 이어 나온 슬기의 나라
새로운 새 심지를 정성에 담아
내일의 새 세기를 밝혀 나가리
아아, 가슴에 타오른 횃불
조국의 하늘에 길이 빛나리

-1983년 제1회 MBC 창작 동요제, '조국의 빛' 에서

교과서에 실린 노래나 창작 동요제 노래나 비슷합니다. '지혜와 덕성' '여명' '동방의 나라' '새로운 새 심지' '내일의 새 세기' 처럼 아이들 입말에서는 쓰지도 않는 말들이 잔뜩 들어 있습니다.

몇천 번을 불러도 더 부르고 싶은 말
내가 제일 좋아하는 그런 말이 있죠
어머니를 부를 때마다 다가선 어머니 얼굴
나에게 사랑으로 가르치시네
몇천 번을 불러도 더 부르고 싶은 말
내가 제일 좋아하는 어머니 내 어머니

-1995년 제13회 MBC 창작 동요제 대상곡, '내가 제일 좋아하는 말'

예전에 교과서에 실렸던 '스승의 은혜' 나 '어머님 은혜' 에 견주면 내용에 별 차이가 없습니다. 누가 억지로 시키지 않는 한 아이들은 이런 노래를 부르지 않습니다. 아이들 말은 생생하고 또렷합니다. 어른이 책상 앞에 앉아 머리로 쓰는, 입에 발린 글하고는 다릅니다. 창작 동요와 아래 시를 견주어 보세요.

우리 어머니는
날마다 시장에 가십니다.
오늘도 새벽에 나갔습니다.
우리 어머니는 쇳덩거리입니다.

-부산 동신초등학교 4학년 김순남, '우리 어머니'

우리 엄마는 발이 부르텄다.
꾸덕살이 떨어진다.
엄마는 논도 썰고
밭도 갈고
밭 매고
소죽도 끓인다.
일하러 갔다가 오면
그대로 누워 잔다.
발 씻으라 하면
싫다 한다.
나는 엄마의 발을 보면
눈물이 날라 한다.

-경북 울진 온정초등학교 4학년 엄재희, '엄마의 발'

이렇게 아이들이 자기 마음을 담아 쓴 시는 교과서 동요와 많이 다릅니다. 마음을 움직일 수 없는 노래, 조그만 울림도 주지 않는 노래는 죽은 노래입니다.

두 번째, 거의 모두가 틀에 박힌 노래들입니다. '틀에 박힌 노래'를 달리 말하자면 '뻔한 노래'라고 할 수 있습니다. 뻔한 것은 재미가 없습니다. 창작 동요에는 자연을 담고 있는 노래가 많은데, 숲이나 산과 들에 대한 노래들에는 어김없이 새가 나오고 시냇물이 흐릅니다. 너무 뻔합니다. 이런 노래들은 이미 너무 많습니다. 새로울 것이라고는 하나도 없는 것을 말만 몇 마디 바꿔 만든 꼴입니다. 그저 뻔하디뻔한 풍경만 펼쳐집니다.

밝은 햇빛 눈부신 푸른 숲속에
예쁜 새 쪼로롱 노래 부르고

-1993년 제11회 MBC 창작 동요제, '들로 산으로'에서

졸졸졸 시냇물이 흐르고 한들한들 나뭇잎이 춤추고
쪼로롱 산새들 노래하는 산으로 가자

-1993년 제11회 MBC 창작 동요제, '푸른 산 푸른 물'에서

파란 하늘에 하얀 꽃구름 뭉게뭉게 피어나면
샘물이 졸졸졸 흐르는 숲속엔 산새들이 노래한다

-1989년 제7회 MBC 창작 동요제 은상, '숲속의 노래'에서

소풍을 다룬 노래도 몇 곡 보이는데 다를 것이 없습니다. 두세 곡을 하나로 합친다 해도 어색하지 않을 정도입니다.

발걸음 가벼웁게 소풍 가는 길
엄마 아빠 손 잡고 랄라랄라 노래 부르면

-1985년 제3회 MBC 창작 동요제 대상, '즐거운 소풍 길'에서

다 함께 모이자 발걸음도 가볍게
다 함께 모이자 신나는 소풍길
선생님의 손을 잡고서 웃으면서 가는 길
동무들과 노래 부르며 소풍 가는 날

-1984년 제2회 MBC 창작 동요제 금상, '소풍'에서

아이들은 한결같이 '꿈나무'이고 '새싹들'입니다. 언제나 '푸른 꿈'이 자라고 어디론가 날아가든지 달려가든지 합니다. 아무리 그래도 "공주가 될까, 여왕이 될까, 박사가 될까, 과학자가 될까" 같은 말은 아무래도 좀 심한 것 같습니다.

파란 하늘에 꽃구름 피어날 때
우리들 가슴엔 파란 꿈 싹트죠.
언제나 밝고 맑게 깨끗한 마음으로
파란 꿈 우리의 꿈 곱게 곱게 키우자
자라네 파란 꿈 커 가네 우리들의 꿈
우리들은 새 나라의 자랑스런 꿈나무

-1984년 제2회 MBC 창작 동요제, '자랑스런 꿈나무'

우리들의 파란 꿈을 활짝 펼쳐 보면
창공을 나는 비행기 같아
바람 날개 타고서 꿈의 세상 이르면
난 말야 공주가 될까 여왕이 될까
(2절-박사가 될까 과학자가 될까)
온 세상은 마침내 내 것이 되어

야호! 신난다 날아라 나의 꿈
더 높이 날다 보면 내 맘에 와 닿는 것
아름다운 꿈의 세상 펼쳐 가야지

-1997년 제15회 MBC 창작 동요제, '꿈의 세상'

어른이 쓴 동요가 이러니 가수, 탤런트, 슈퍼 모델을 꿈꾸는 아이들이 많은 것이 하나도 이상하지 않습니다. 어른들은 아이들이 그저 밝고 명랑하고 씩씩하기만을 바랍니다. 조금이라도 슬프거나 애틋한 정서를 가진 곡은 찾아보기 어렵습니다.

계절을 담은 노래들도 틀에 박혀 있기는 마찬가지입니다. 어쩌면 생각이 이렇게도 비슷할까요?

매미들이 맴맴맴 노래 부르고
여름 냇가 졸졸졸 시원합니다

-1983년 제1회 MBC 창작 동요제, '여름' 에서

맴맴 맴맴 매미 소리 정답고
졸졸졸졸 냇물 소리 즐겁다

-1985년 제3회 MBC 창작 동요제 금상, '여름 방학' 에서

시냇물=졸졸, 새싹=파릇파릇, 파도=철썩철썩, 비=주룩주룩, 눈=펑펑, 펄펄, 개구리=개굴개굴, 소=음메, 돼지=꿀꿀, 나비=팔랑팔랑, 구름=뭉게뭉게, 바람=솔솔……. 어른들이 이렇게 굳어진 말에서 벗어나지 않으니 아이들도 그냥 생각 없이 어른들을 따라 하게 됩니다. 어른들은 어른들대로 정답만 되풀이하고, 아이들은 아이들대로 눈치껏 어른들을 흉내 냅니다.

아이들에게는 매미가 '맴맴' 울기만 하지 않습니다. '매용매용' 울기도 하

고 '이총이총' 울거나 '찌징찌징' 울기도 합니다. 개구리가 '꼬르록꼬르록' 울거나, 까마귀가 '까우워우루', 꿩이 '껄껄' 소가 '움무움무', 오리가 '우웩우웩', 때까치가 '쭉쭉' '깩깩' 울기도 하고 바람이 '색색' 불기도 합니다. 어른이 쓴 동시를 흉내내지 않고 제 마음대로 쓴 시골 아이들 시를 보면 틀에 박힌 표현이 거의 없습니다.

이총매미가 우네.
소리도 곱게
이총 이총 하며 우네.
복숭아나무에서
궁디를 까불석 까불석 하며
소리를 지른다.

–경북 안동 대곡분교 3학년 박청자, '이총매미' 에서

소를 맬라고 하는 나무에
참매미가 맴맴맴맴……
울었다.
인제 여름인 줄 알았다.

–경북 안동 갈산초등학교 4학년 김수용, '참매미' 에서

일일…… 총 일일…… 총 일총일총…… 일총일총일총 총총총총 그러다가 오줌을 싸 놓고 옷이 젖으니 옷 입으로 뒷산으로 간다.

–경북 안동 대곡분교 3학년 김순희, '보리매미'

또 한 가지, 노래를 살펴보다 보니 곳곳에 우리 말을 잘못 쓴 것이나 일본식 한자, 노랫말로 쓰기에는 어색한 말이 자주 나옵니다.

나의 얼굴이 숨어 있다 파란 하늘에
나의 얼굴이 피어 있다 예쁜 꽃으로
나의 얼굴이 바람 타고 산과 들을 지나
가을에 보이는 나의 얼굴 꿈에 가득찬 노래

-1983년 제1회 MBC 창작 동요제, '나의 얼굴'

제목도 그렇고 노랫말도 그렇고 온통 '의' 투성이입니다. 그냥 '내 얼굴' 이라고 하면 될 것을 말이지요.

'나의 조개' (2회, 1984년), '나의 친구' (12회, 1994년) 같은 노래도 마찬가지입니다. '나의 창가에' '우리의 것' '나의 어머니' '우리의 설날' '하늘은 나의 것, 나의 것이다' 같은 말이 여기저기서 보입니다. 어떤 노래에서는 "아, 아름답게 퍼지는 산과 들의 아침의 노래죠"처럼 '의' 가 잇달아 나오기도 합니다.

말은 한번 입에 붙으면 좀처럼 고쳐지지 않지요. "나의 살던 고향은 꽃 피는 산골……"에서 '나의' 라는 말은 우리 말을 잘못 쓴 것인데, 나온 지 80년이나 되도록 아직도 그대로 부릅니다. 잘못 쓴 줄도 모르고 그냥 부르는 사람들도 많지만, 알고 있다고 하더라도 입에 붙어 고치기가 어렵습니다. 그러나 요즘에는 '내가 살던 고향' 으로 고쳐 부르는 사람들도 있지요.

아이들 노래야말로 어떤 노래보다 바른 말, 깨끗한 말을 써야 하는데 많은 노래 가운데 가려 뽑은 노래가 이럴 정도니 참 안타깝습니다.

아무래도 이쯤에서 이야기를 그만두어야 할 것 같습니다. 들여다보면 들여다볼수록 마음이 답답해집니다. 어쩌면 좋은 동요 만드는 법 첫 번째는 '창작 동요제 동요처럼 쓰지 말 것' 인지 모릅니다.

노래야, 너도 잠을 깨렴

따뜻한
사랑을 받은 아이는
따뜻한 사람으로 자랍니다.
자연과 가까이 지낸 아이는
마음이 넓고 착한 사람으로 자랍니다.
신나게 놀아본 아이는
새로운 길을 두려워하지 않는
사람으로 자랍니다.
이런 아이들이 자라나
세상을
아름답게 가꾸겠지요.

좋은 시 속에는 노래가 숨어 있습니다

시가 어렵고 시시하고 재미없다고 생각하는 사람들이 많이 있습니다. 먹고살기 힘든 세상, 시가 밥 먹여 주느냐고 말하는 사람이 많습니다. 이런 사람들은 대개 국어책에 나오는 시들을 교사나 참고서가 일러 주는 대로 밑줄 치고 분석하고 외우고 시험 보고 하면서 시에 질린 사람들이거나, 시라는 것이 참 쓸모없는 것이라는 생각을 굳혀 버린 사람들일 것입니다. 이런 사람일수록 '시 몇 개 더 읽는다고 내 삶이 뭐 그리 달라지겠어?' 하고 생각합니다. 속도에 길들고 시간에 매이면서 사람들은 점점 더 시와 멀어집니다. "시의 나라에서 살고 싶다"고 한 밀란 쿤데라의 말은 귀에 들어오지 않습니다.

아이도 어른도 점점 시와 멀어지는 듯합니다. 겉만 번듯하고 알맹이는 없는 속이 빈 시가 많아서 그런지도 모릅니다. 시는 아주 별난 것이라는 생각이 마음 한구석에 있어서 그런지도 모릅니다. 세상이 너무 빠르게 돌아가서 시 같은 것에 눈 돌릴 짬이 없어서 그런지도 모릅니다.

세상에는 쓸모없는 시도 많지만 속에 단단한 씨앗을 품고 있는 좋은 시도 많이 있습니다.

나뭇가지에
새 눈이 텄네요.
맨몸뚱이로 겨울 난 이 나무에
쬐꼬만 쬐꼬만 연두 눈이 텄네요.
새 눈은 아기 눈, 봄이 오나 보네요.

-이원수, '새 눈' 에서

달 달 달팽이
뿔 넷 달린 달팽이
건드리면 옴추락
가만 두면 내밀고.

달 달 달팽이
느림뱅이 달팽이
멀린 한번 못 가고
밭에서만 놀고.

-권태응, '달팽이'

도종환 시인은 자기가 교사로 있는 학교에서 월요일 아침마다 새로운 시 한 편을 골라 다른 선생님들에게 나누어 준다고 합니다. 그러면 선생님들은 그 시를 교실로 갖고 가서 학생들에게 들려주면서 한 주를 시작합니다. 또 얼마 전에 만난 어떤 이는 월요일마다 자기가 좋아하는 시 한 편을 골라 전자우편으로 사람들에게 보내 준다고 합니다. 그 일이 그저 자기 삶에 생기를 주기 때문이라고 합니다.

'르 카프(Le CAF)' 라는 이름을 누구나 들어 보았을 것입니다. 불어 '키티우스, 알티우스, 포르티우스(Citius, Altius, Fortius)' 를 모아 만든 말인데, '더 빠르게, 더 높게, 더 강하게' 라는 말입니다. 아무리 봐도 요즈음 세상은 바로 '르 카프' 를 향해 쉼없이 달려가는 것처럼 보입니다. 어느 사이 우리 마음도 생각도 거기서 자유롭지 못해 삶이 온통 정신없이 바쁘고 빈자리가 없습니다. 이따금 멈추어 서서 뒤를 돌아볼 여유가 없습니다.

이런 '속도의 시대' 에 느릿느릿 읽어야 제맛이 나는 시가 자꾸 세상 밖으로 밀려나는 것은 어쩌면 당연한 일인지도 모릅니다. 시는 어린아이가 막대 사탕을 빨아먹듯이 천천히 읽어야 맛을 제대로 볼 수 있습니다. 글자가 몇 개 되지 않더라도 말과 말 사이에, 말 뒤편에 더 많은 것이 숨어 있기 때문입니다.

시 한 편 읽는 데야 사실 몇 분 걸리지 않지만 때때로 어떤 시 한 편이, 어떤 시 한 줄이 한 사람의 삶을 바꾸기도 하고 절망에 빠진 사람의 마음 한켠에 희망의 별이 빛나게 하기도 합니다.

꿈을 주는 시 한 편, 슬픔을 위로해 주는 시 한 편, 새로운 눈을 뜨게 하는 시 한 편, 마음을 착하게 해 주는 시 한 편을 만나는 일은 참 즐거운 일입니다.

보일 듯이 보일 듯이
보이지 않는
당옥 당옥 당옥 소리
처량한 소리.
떠나가면 가는 곳이
어디이드뇨?
내 어머님 가신 나라
해 돋는 나라.

-한정동, '당옥이' 에서

낮에 나온 반달은, 하얀 반달은,
해님이 쓰다 버린 쪽박인가요.

꼬부랑 할머니가 물 길러 갈 때,
치마 끈에 달랑달랑 채워 줬으면.

-윤석중, '낮에 나온 반달' 에서

시의 길을 거슬러 올라가다 보면 많은 노래들을 만나게 됩니다. '고향의 봄' '오빠 생각' '따오기' '낮에 나온 반달' '엄마야 누나야' '달맞이' '겨울나무' '과꽃' '해바라기 얼굴' '개구리 소리'……, 좋은 시 속에는 이렇게 노래가 숨어 있습니다. 좋은 노래 속에 시가 숨어 있는 것처럼 말이지요. 시인이 많은 나라, 날마다 새로운 시집이 나오는 나라에 우리는 살고 있습니다. 그런데도 이 세상이 아름답지 않다면, 우리 마음이 착하지 않다면, 그것은 시를 읽어야 할 사람들이 시를 읽지 않아서일 것입니다. 시를 읽어야 할 사람들이 시 한 편 읽지 않고 '딴짓'에 너무 바빠서일 것입니다.

시와 노래는 한몸입니다. 시와 노래는 '참말'입니다. 좋은 시 몇 편, 좋은 노래 몇 곡 마음에 갖고 있으면 삶이 든든해집니다. 그만큼 삶이 환해집니다. 마음 우물이 더 깊어지고 그 안에 담긴 물이 더 맑아집니다.

시와 노래가 밥 먹여 주는 것은 아니지만 마음에 맑은 바람 한 줄기 불게 할 수는 있습니다.

노래야, 너도 잠을 깨렴

봄에는 참 볼 게 많지요. 그래서 '봄'일까요? 어서 집을 나서 나비처럼 기웃기웃 개울로 들판으로 산으로, 봄볕 아래 천천히 걷고 싶습니다. 개울가에는 갯버들이 노란 수술을 터뜨리고, 갯둑에는 냉이랑 쑥도 나왔겠지요. 개나리 꽃길을 따라 들로 나가면 노란 민들레나 보랏빛 제비꽃을 만날지도 모르지요.

제비꽃을 보면 정말 조그만 새가 땅에 내려앉은 것 같지요. 제비꽃은 또 다른 이름을 몇 개나 갖고 있습니다. 이 꽃이 필 때 오랑캐들이 쳐들어오고는 했다고 해서 '오랑캐꽃'이라고 부르기도 하고, 꽃 모양이 꼭 씨름하는 모양 같다고 해서 '씨름꽃' 또는 '장수꽃'으로 부르는가 하면, 갓 알에서 깨어난 병아리같이 귀엽다고 해서 '병아리꽃', 아이들이 반지를 만들어 끼는 꽃이라고 해서 '반지꽃', 키가 작아서인지 아니면 뿌리에서 바로 잎을 내고 거기 잇닿아 꽃을 피워서인지 '앉은뱅이꽃'이라고도 부릅니다.

조금 더 있으면 노란 애기똥풀이랑 꽃다지, 불그스름한 코딱지꽃이랑 "뒷동산의 할미꽃은 / 늙으나 젊으나 꼬부라졌네" 하는 전래 동요가 생각나는 할미꽃도 필 테지요. 산 아래 동네에는 살구꽃, 복사꽃도 필 테고요.

우리 나라 꽃들은 이름이 참 재미있기도 하고 예쁘기도 하지요. 언젠가 어떤 아이에게 꽃 이름만 한가득 써 넣어 편지를 보낸 적이 있는데, 그래 놓고 내 마음이 얼마나 환해지던지요. 몇 개 적어 볼 테니까 마음 어두울 때 천천히 소리 내서 읽어 보세요.

은방울꽃, 각시붓꽃, 노랑매미꽃, 장다리꽃, 모과꽃, 수수꽃다리, 얼레지, 냉이꽃, 씀바귀꽃, 쇠별꽃, 달맞이꽃, 해바라기, 땅나리, 하늘나리, 바람꽃, 나팔꽃, 봉숭아꽃, 술패랭이꽃, 찔레꽃, 함박꽃, 도라지꽃, 분꽃, 질경이꽃, 초롱꽃, 고들빼기, 까마중, 소루쟁이, 싸리꽃, 깽깽이풀꽃, 개망초꽃, 개불알꽃, 개쑥부쟁이꽃, 딱지꽃, 토끼풀꽃, 달개비꽃, 맨드라미, 큰두루미꽃, 분홍바늘꽃.

봄이 오면 보리밭에는 종다리가 나오지요. 마을 어귀 미루나무 꼭대기에서는 까치들이 들락날락 둥지를 손질하고 있을 테고요.

파란 보리밭 물결도 보이고 종달새 소리도 귀에서 맴돌지요. 봄이잖아요. "봄 떡은 들어앉은 샌님도 먹는다"고 했는데, 봄이 되니 쑥버무리도 생각나고 향긋한 달래무침이랑 냉잇국도 생각납니다.

《농가월령가》 2월 편에 "산나물은 이르니 들나물 캐어 먹세 / 고들빼기 씀바귀며 소루쟁이 물쑥이라 / 달래 김치 냉잇국은 입맛을 돋우나니" 하는 구절이 있지요. 사철 내내 아무 때나 먹을 수 있는 비닐하우스 나물 말고 어릴 때 먹던, 어머니의 손맛이 밴 진짜 들나물이 먹고 싶습니다.

옛 어른들 말씀에 음력 정월 초하루와 보름날 사이에 냉잇국을 세 번 먹으면 여름에 더위를 타지 않는다고 했습니다. 냉이는 참 신통한 풀이지요. 달이 이울고 차는 것을 다 알고 있으니 말입니다. 들에 난 냉이 잎은 초하룻날부터 보름까지 하루에 한 잎씩 돋아나고, 다시 그다음 날부터 그믐날까지 하루에 한 잎씩 떨어져 나가 그믐날이면 잎이 다 없어지고 뿌리만 남는답니다. 작은 달에는 냉이의 마지막 한 잎이 그냥 시들기만 하고 떨어지지는 않는다니 정말 신기한 일입니다. 그래서 '음력풀'이라고도 하고 '달력풀'이라고도 하는 것이겠지요.

김삿갓이 쓴 시 '냉이풀'에도 이런 이야기가 나오지요.

> 높고 낮은 하늘과 땅의 이치 / 냉이풀아 / 너는 이것을 품어 안아서 / 붉은빛 검은빛 보랏빛 흰빛 / 주역의 괘를 갖추었구나 / 냉이풀아 / 너는 삼백예순 날을 / 열두 달로 나누고 / 크고 작음을 고르게 해서는 / 그 나머지를 윤달로 삼는구나

보리밭이든 밭둑이든 들판이든, 아지랑이가 피어나는 곳에는 어김없이 이런저런 나물들이 돋아나 있지요. 밭둑에서 들에서 나물을 캘 무렵이면 나비들이 슬렁슬렁 날아들지요. 노랑나비, 배추흰나비, 호랑나비…….

전래 동요에 있는 이런저런 나비 노래가 생각납니다.

> 나비야 나비야 / 냉이꽃 줄낀 / 이리 오너라 (평남 강서)
>
> 나비 나비 범나비 / 배추밭에 흰나비 / 장다리밭에 노랑나비 (충북 진천)
>
> 나비 나비 짱짱 / 범나비 짱짱 (충남 서천)
>
> 나비야 호랑나비야 / 청산을 가자 / 가다가 저물거든 / 꽃에 들어 자고 가자 (충북 단양)

나비는 이름 그대로 '날아다니는 빛'이지요. 다들 나비처럼 가벼워졌으면 좋겠어요. 선생님도 아이들도 나비처럼 가벼워져 교과서 밖으로, 교실 밖으로, 학교 밖으로, 울타리를 훌쩍 넘어 더 큰 세상도 보고, 봄 햇살과 만나 그만큼 더 아름다워지고, 풀과 나무와 꽃들과 만나 그만큼 더 싱싱해지고, 바람 소리 개울물 소리와 만나 그만큼 더 맑아진다면 얼마나 좋을까요.

새로운 만남과 새로운 시작이 있는 봄, 얼음이 마저 녹고 언 땅이 풀려 시

냇물은 거침없이 흐르고 온갖 살아 있는 것들이 눈뜨는 봄, '좋은 노래' 들도 냉이처럼 민들레처럼 배추흰나비처럼 잠에서 깨어 모두 우리 곁으로 성큼성큼 걸어온다면 참 좋을 텐데요. 어디에선가 조그맣게 시냇물 소리가 들려오는 것 같지요.

엄마와 아기를 위한 첫 음악

아기가 생긴 날부터 엄마에게는 '새로운 세계'가 열립니다. 정말 놀랍고 아름다운 세계지요.

서양에서는 아기가 엄마 뱃속에 머무는 시간을 나이로 치지 않아, 갓 태어난 아기는 0살이고 한 해가 지나야 한 살이라고 하지만, 우리 나라에서는 옛날부터 갓 태어난 아기 나이를 한 살로 치고 한 해가 지나면 두 살이 되었다고 했습니다. 슬기롭게도 우리 할머니, 할아버지들은 엄마 뱃속에서부터 아기의 삶이 시작된다고 본 것이지요. 그래서 아기가 생기면 나쁜 것은 듣지도 보지도 입에 담지도 않으려고 했습니다. 또 먹는 것까지도 가려먹고 개를 꾸짖는 것까지도 삼갔지요.

아기는 엄마 뱃속에서 차츰 모든 감각이 깨어나고 여러 가지 소리를 들으면서 자랍니다. 아기에게 좋은 소리, 좋은 음악을 들려줘야 할 까닭이 바로 여기 있지요.

아가, 너를 위해 무슨 시를 들려줄까
아가, 너를 위해 무슨 노랠 들려줄까
이 세상 모든 꽃들이 널 위해 피어나고

이 세상 모든 별들이 널 위해 빛나는 걸

–백창우, '아가, 무슨 노랠 들려줄까' 에서

아기는 엄마의 모든 것을 받으면서 자랍니다. 엄마가 기쁠 때 아기도 기쁘고, 엄마가 슬플 때 아기도 슬픕니다. 엄마가 평화로울 때 아기도 평화롭고, 엄마가 힘들 때 아기도 힘이 듭니다. 그렇기 때문에 태교 음악은 아기만을 위한 음악이 아닙니다. 태교 음악은 '엄마와 아기를 위한 음악' 이지요. 엄마에게 좋은 음악이 아기에게도 좋은 음악이고, 아기에게 좋은 음악이 엄마에게도 좋은 음악이지요.

발에 맞는 신발을 신어야 발이 편하듯 아무리 좋은 클래식 음악이라도 엄마가 싫어하거나 지겨워하는 음악이라면 엄마에게도 아기에게도 좋은 음악이 아닙니다. 마음이 환해지고 착해지는 음악, 편안하고 즐거워지는 음악이라면 클래식이든 재즈든 대중음악이든 국악이든 동요든 그것이 바로 엄마와 아기에게 좋은 음악인 것이지요.

세상에 있는 음악이 모두 좋은 음악은 아닙니다. 좋은 음악도 있고 나쁜 음악도 있고 그저 그런 음악도 있고 그런대로 괜찮은 음악도 있습니다. 사람마다 조금 다르겠지요. 누구에게나 좋은 음악이 있다면 어떤 음악일까요?

좋은 음악은 자연과 닮은 음악입니다. 사람의 마음과 꿈이 깃든 음악입니다. 우리 전통 태교에도 "자연과 음악을 가까이 하라"는 말이 나오지요. 아기에게 화학조미료나 방부제가 잔뜩 든 음식을 먹여서는 안 되듯, 아무 음악이나 들려줄 수는 없습니다.

내가 조그만 별 하나 품고 있다는 걸 누가 알까
내가 눈뜰 때 함께 눈뜨고
내가 잠들 때 함께 잠드는
고운 별 하나 품고 있다는 걸

내가 노래할 때 함께 노래하고
내가 춤출 때 함께 춤추는
신기한 별 하나 품고 있다는 걸
네가 내 안에 있고부터 하루가
너에게서부터 시작되고
날마다 온 방 안에
꽃
향
기
가
득
하
네

-백창우, '내가 조그만 별 하나 품고 있다는 걸 누가 알까'

고운 마음 빛깔을 가진 아이, 상상력과 창의력이 넘치는 아이, 맑고 따뜻한 가슴을 가진 아이, 생각이 넓고 깊은 아이로 자라기를 바란다면 아름다운 시와 노래의 씨앗을 아기에게 듬뿍 뿌려 주어야 합니다. 그저 많이 팔린다는 〈모차르트 이펙트〉나 들려준다고 다가 아니지요.

아기가 없다고요? 아기가 다 컸다고요? 좋은 음악은 어른에게도 필요합니다. 마음을 가지고 사는 한 말입니다. 아기는 있는데 집에 들려줄 만한 음악이 없다고요? 그러면 엄마가 좋아하는 노래를 조그맣게 엄마 목소리로 들려주세요. 아니면 이런저런 이야기라도 해 주세요. 뭐 이런 식으로 말이지요.

"아가, 우리가 사는 땅에는 철마다 온갖 꽃들이 피어난단다. 크기도 다르고 모양도 다르고 빛깔도 향기도 다른 꽃들이 저마다 다른 이름을 갖고 스스로 피어난단다. 이 세상에 꽃이 얼마나 많은지 몰라. 엄마도 그 가운데 아주 조금밖에는 모르지. 너도 아마 나중에 깜짝 놀랄 거야."

"아가, 흙 속에서 잠자던 조그만 씨앗도 때가 되면 싹을 틔우고 날마다 점점 자라난단다. 비와 바람과 햇볕, 눈과 이슬과 달빛, 크고 작은 온갖 소리들을 들으면서 날마다 몸과 마음이 자라난단다. 어떤 씨앗은 한 포기 풀이 되고 어떤 씨앗은 한 그루 나무가 되어, 저마다 크기가 다른 그늘을 만들고 저마다 빛깔과 향기가 다른 꽃을 피운단다. 아가, 너는 엄마의 사랑을 받고 크는 작은 씨앗이란다. 늘 네 곁에는 엄마가 있어. 네가 잘 자랄 수 있도록 엄마가 지켜 줄게."

엄마는 아기에게 나무와 같은 존재지요. 그 그늘에서 쉬기도 하고, 잡고 일어서기도 하고, 슬프고 힘들 때 꼭 끌어안기도 하고, 가지에 올라가 먼 데를 바라보기도 하고.

뒷날에는 아기가 자라 엄마한테 나무가 되어 주겠지요.

세상 모든 것에는 저마다 이름이 있지요

1

옛날, 평안북도 벽동과 창성 지방의 소는 유난히 억세고 고집이 세기로 소문이 자자했는데, 사람들은 그 소를 '벽동과 창성에서 나는 소'라는 뜻으로 마을 이름의 첫 글자를 따서 '벽창우'라고 불렀답니다. 바로 제 이름 '백창우'가 그 벽창우와 같은 뜻을 갖고 있지요. 그래서인지 이렇게 성격이 살갑지도 못하고 눈치도 없고 고집도 무척 센 편입니다. 시 쓰고 노래 만드는 일에 빠진 뒤로는 여태껏 그것밖에는 달리 할 줄 아는 것이 없지요. 밥도 노래를 만들어 먹고살고, 어디를 가도 늘 노래 만들 궁리를 합니다.

내가 만난 사람과 내가 읽은 책과 내가 걸어다닌 길은 모두 내 마음과 생각 안에서 노래가 되지요. 이렇게 무엇인가 내 빛깔대로 만들어 낼 수 있게 된 것은 어쩌면 학교에서 시키는 대로 하지 않고 내가 읽고 싶은 책, 내가 공부하고 싶은 것에 더 시간을 쏟은 때문인지 모릅니다.

아이들이 어려서 집에서 놀 때는 그림도 곧잘 그리고 일기도 제 마음대로 재미있게 쓰더니, 유치원에 다니고 초등학교에 다니면서는 자기 빛깔을 자꾸 잃어 가는 것 같아 참 걱정이 됩니다. 교육이라는 것이 아이들을 똑같이 만들어 똑같이 생각하고 똑같이 행동하게 하려는 것은 아닐 텐데 말이지요. 똑같은 책상과 걸상에, 똑같은 교과서와 공책에, 똑같은 선생님한테 배워도 똑같은 아이는 없지요. 다 다르지요. 살아 있는 것 가운데 똑같은 것은 하나도 없지요.

> 날마다 아빠랑 엄마는 누나 이름만 부른다. 아빠는 엄마를 "태인아" 하고 부르고 엄마는 아빠를 "태인이 아빠" 하고 부른다. 우리 집에서 내 이름은 아무도 안 불러 준다.
>
> -강원 원주 단구초등학교 1학년 박홍연, '이름' 에서

아이들이 자기 존재를 가장 뚜렷하게 느낄 때가 바로 누군가가 자기 이름을 불러 줄 때입니다.

'얼굴에 내리는 비' 라는 이름을 가진 한 인디언 추장은 "우리는 모두 대지의 아들이며, 어느 한 사람도 뜻 없이 만들어진 사람은 없다"는 말을 했습니다. '구르는 천둥' 이라는 인디언 주술사는 "사람은 저마다 자신만의 모습을 갖고 있으며, 자신만의 길을 갖고 있다"고 했지요. 또 인디언 추장 '느린 거북' 은 '세상은 이름으로 가득 차 있다' 는 글에서 이렇게 말했습니다.

> 누구에게나 이름은 아주 특별한 뜻을 지니고 있다. 그것은 한 개인을 부르는 호칭일 뿐 아니라 그 사람의 고유한 영혼을 나타내는 것이기 때문이다. 세상은 그런 이름들로 가득 차 있다.

옛날에는 간난이, 고만이, 막례, 또순이, 말숙이, 말자처럼 이름을 막 지어 부른 경우도 많았지만 요즈음은 아기가 태어나면 누구나 좋은 이름을 지으려고 몇 날 며칠씩 애를 쓰지요. "내 이름을 왜 이렇게 지었어?" 하고 묻는 아이에게 "그냥" 또는 "아무렇게나 대충 지은 거야" 하고 대답할 부모는 아마 없을 것입니다. 아이에게 좋은 이름을 지어 주려는 데에는 아이가 잘 자라기를 바라는 마음이 담겨 있는 것이겠지요.

초등학교 때, 선생님이 출석을 부른다고 하면 괜히 가슴이 콩콩 뛰면서도 은근히 차례가 오기를 기다리던 생각이 납니다. 아이에게는 선생님이 이름을 불러 준 것만으로도 그날 하루가 '기분 좋은 날'이 될 수도 있지요. 온갖 업무에 시달리는 선생님이 수십 명이나 되는 반 아이들 이름을 다 외우는 것도 일일 테지요. 그렇지만 교실에 '이름을 잃어버린 아이'가 없었으면 좋겠습니다. 그저 번호로 부르거나 '안경 쓴 애' '거기 키 큰 녀석' '빨간 옷'으로 부르는 선생님이 없었으면 좋겠어요. 서로 이름을 알고 서로 이름을 불러 주는 데서 참된 '관계'가 시작되지 않을까요? 에스키모들은 사람이 몸과 얼과 이름, 이렇게 셋으로 이루어졌다고 믿는다지요. 동무들이 이름을 잘 안 부르는 아이에게 한 번이라도 더 이름을 불러 주세요. "왜요?" 하면 "그냥 한번 불러 봤어" 하면 그만이지요.

게 누가 날 찾나
호박별이 바둑 두자고
날 찾네

-전래동요, '호박별'

밤하늘을 환히 밝히는 유난히 커다란 별에게는 '호박별'이라는 이름을 붙여 주고, 어둑어둑해질 무렵, 그러니까 개가 저녁밥을 기다릴 때쯤 뜨는 첫별에게는 '개밥바라기'나 '개밥별'이라는 이름을 처음 붙여 준 사람은 누구지요?

2

〈동강 유역 산림생태계 조사보고서〉
(1998. 12. 산림청 임업연구원)를 읽으면서
내가 아무르장지뱀이나

용수염풀,
아니면 바보여뀌나 큰도둑놈의갈고리나 괴불나무로
혹은 더위지기로 태어날 수도 있었겠다는 생각을 했다.
그랬더라면 내 이름이 어떻든
이름의 감옥에서 멀리 벗어나
삶을 사랑하는 일에 삶이 바쳐졌을 것이다.
무덤에 핀 할미꽃이거나
내가 동굴에서 날개를 펴는
관박쥐라 해도…….

-최승호, '이것은 죽음의 목록이 아니다' 에서

눈이 올라나 비가 올라나 억수 장마 질라나
만수산 검은 구름이 막 모여든다
아리랑 아리랑 아라리요
아리랑 고개 고개로 나를 넘겨 주게

-민요, '정선 아라리' 에서

내 책상에는 '동강' 사진이 붙어 있습니다. 정선 아라리 가락처럼 구불구불 흐르는 물줄기나 강에 동동 떠다니는 비오리들이나 남한 어디에서도 발견된 적이 없다는 동강할미꽃, 어느 것 하나 아름답지 않은 것이 없습니다. 쉬리도 어름치도 살지 않고 청둥오리도 황조롱이도 떠나고 초롱꽃도 패랭이꽃도 피지 않는 강과 숲은 얼마나 적막할까요. 살아 있는 것들은 누구나 꿈을 꾼다는데, 모든 살아 있는 것들은 누구나 그 안에 한 세계를 가지고 있다는데.

세상 모든 것들은
저마다 이름이 있지

살아 있는 것들은
누구나 꿈을 꾸지

-백창우, '세상 모든 것들은 저마다 이름이 있지' 에서

"동강이 푸르게 흐를 수 없다면 / 우리의 생명 또한 흐를 수 없다. 흐를 수 없는 것은 생명이 아니다"고 쓴 한 농사꾼의 시를 읽다가 '세상 모든 것들은 저마다 이름이 있지' 라는 노래를 만들었지요. 노래에 나오는 곤충, 물고기, 새, 뭍짐승들을 비롯해 꽃, 풀, 버섯, 나물, 나무들은 모두 동강 언저리에 살고 있는 것들입니다. 이 노래를 흥얼거릴 때마다 이들 풀과 꽃과 나무의 내음이 조금은 배어나지 않을까요.

① 노랑나비, 흰나비, 배추흰나비, 긴꼬리제비나비, 물결나비, 뿔나비, 네발나비, 큰줄흰나비, 산줄점팔랑나비, 굴뚝나비
② 물잠자리, 실잠자리, 깃동잠자리, 애매미, 말매미, 풀색꽃무지, 등빨간먼지벌레, 목하늘소, 벼메뚜기, 실베짱이, 애반딧불이
③ 쉬리, 꾸구리, 퉁가리, 줄납자루, 묵납자루, 어름치, 연준모치, 금강모치, 배가살이, 가는돌고기, 참중고기, 다묵장어
④ 오소리, 너구리, 고라니, 하늘다람쥐, 두더쥐, 아무르장지뱀, 도마뱀, 까치살모사, 누룩뱀, 능구렁이
⑤ 갈참나무, 굴참나무, 졸참나무, 화살나무, 작살나무, 딱총나무, 소태나무, 비술나무, 물푸레나무, 박달나무, 은사시나무, 산딸나무
⑥ 멧비둘기, 곤줄박이, 오목눈이, 흰뺨검둥오리, 쇠박새, 노랑할미새, 논병아리, 쑥새, 비오리, 황조롱이
⑦ 초롱꽃, 각시붓꽃, 며느리밥풀꽃, 애기메꽃, 콩제비꽃, 고깔제비꽃, 쇠별꽃, 개불알꽃, 술패랭이꽃, 딱지꽃, 달맞이꽃, 동강할미꽃
⑧ 엉겅퀴, 개망초, 미나리아재비, 참나리, 애기나리, 홀아비꽃대,

비비추, 노루귀, 층층등굴레, 산달래, 쑥부쟁이, 자주꽃방망이

⑨ 강아지풀, 병아리풀, 산토끼풀, 돼지풀, 용수염풀, 쥐오줌풀, 수박풀, 오이풀, 애기똥풀, 좁쌀풀, 담배풀, 누린내풀

⑩ 괭이밥, 쇠비름, 노루오줌, 바랭이, 뚱딴지, 바보여뀌, 하늘타리, 광대수염, 참소리쟁이, 제비쑥, 도꼬마리, 며느리배꼽

⑪ 곰딸기, 뱀딸기, 멍석딸기, 가마중, 개다래, 왕머루, 종덩굴, 쥐방울덩굴, 댕댕이덩굴, 벌깨덩굴, 담쟁이덩굴, 청가시덩굴

⑫ 잣버섯, 바늘버섯, 콩꼬투리버섯, 산느타리버섯, 구름버섯, 애기방귀버섯, 치마버섯, 그늘버섯, 광대버섯, 밀버섯, 먼지버섯, 뽕나무버섯

⑬ 활나물, 우산나물, 짚신나물, 장대나물, 기름나물, 물레나물, 장구채, 쑥방망이, 꼭두서니, 개고사리, 뱀고사리, 거미고사리

⑭ 도라지, 씀바귀, 고들빼기, 조뱅이, 질경이, 꽃다지, 개갈퀴, 사위질빵, 황새냉이, 미나리, 개버무리, 큰꽃으아리

⑮ 소나무, 쥐똥나무, 개살구나무, 오리나무, 돌배나무, 개옻나무, 조팝나무, 떡갈나무, 때죽나무, 산뽕나무, 측백나무, 층층나무

⑯ 멧새, 소쩍새, 물총새, 까막딱따구리, 직박구리, 어치, 청둥오리, 왜가리, 딱새, 때까치, 검독수리

달팽이는 '달팽이' 라는 이름으로 한 삶을 살고, 쇠별꽃은 '쇠별꽃' 이라는 이름으로 한 삶을 살지요. 소가 싼 똥을 먹기도 하고 공처럼 빚어 굴리기도 하는 쇠똥구리는 '쇠똥구리' 라는 이름으로 한 삶을 살고, 하루살이는 제 이름처럼 하루밖에 안 되는 짧은 삶을 '하루살이' 라는 이름으로 살지요. 귀뚤귀뚤 우는 곤충에게는 '귀뚜라미' 라는 이름이 있고, 따옥따옥 우는 새에게는 '따오기' 라는 이름이 있고, 지느러미로 물 위를 날아다니는 물고기에게는 '날치' 라는 이름이 있고, 지느러미에 가시가 있어 건드리면 톡 쏘는 물고기에게는 '쏘

가리' 라는 이름이 있지요.

'미꾸라지' 는 제 이름처럼 살갗이 미끌미끌하고, '집게벌레' 는 꼬리에 가위처럼 생긴 집게가 있지요. 농약 때문에 요즘은 보기 힘들지만 물에 사는 곤충 가운데 힘도 세고 성질도 사나워 저보다 더 큰 것들한테도 막 덤비는 '물장군' 이나, 몸집이 크고 소뿔처럼 힘차게 뻗은 더듬이를 갖고 있는 '장수하늘소' 나, 늘 배추밭을 얼씬거리는 '배추흰나비' 나, 뒷다리를 잡으면 방아를 찧는 것처럼 몸을 앞뒤로 들썩거리는 '방아깨비' 나, 땅 위를 빨빨거리면서 분주히 돌아다니는 '땅강아지' 나, 모두 저에게 잘 어울리는 이름을 갖고 있지요. 누가 이런 이름들을 처음 붙여 주었을까요? 누구의 마음이 이 이름들 속에 담겨 있는 것일까요?

뙤약볕 나는데도
오는 비.
여우비.

시집 가는 꽃가마에,
한 방울 오고,

뒤에 가는 당나귀에,
두 방울 오고.

오는 비.
여우비.
쨍쨍 개었다.

-박목월, '여우비'

가랑비, 궂은비, 된비, 모종비, 보슬비, 부슬비, 소나기, 억수비, 여우비, 이슬비, 작달비, 장대비, 장마비, 찬비, 큰비, 흙비…….

가부새바람, 갈바람, 갈마바람, 강쇠바람, 갯바람, 건들바람, 고추바람, 꽁무니바람, 꽃샘바람, 구렁목바람, 높새바람, 늦바람, 덕석바람, 된바람, 도깽이바람, 도래바람, 도리깨바람, 돌개바람, 뒤울이바람, 뒷바람, 마파람, 맞바람, 먼지바람, 모래바람, 모퉁이바람, 몽둥이바람, 방석바람, 북새바람, 산들바람, 살랑바람, 샛바람, 서릿바람, 선들바람, 소소리바람, 실바람, 재넘이바람, 피죽바람, 하늬바람, 황소바람, 호루라기바람, 홍두깨바람, 회오리바람, 흘레바람…….

비에게도, 보이지 않는 바람에게도 이름 하나씩 붙여 준 '사람'은 얼마나 아름다운 존재인지요.

공부 공부 공부, 시험 시험 시험

나는 공부를 못해서 걱정이다.
집에 가마 맞기마 한다.
내 속에는 죽는 생각만 난다.

-경북 상주 청리초등학교 3학년 정익수, '공부를 못해서'

4학년이 되면
산수 나누기를 못해서 걱정이다.

-경북 상주 청리초등학교 3학년 정민수, '4학년이 되면'

아버지가 공부를 못한다고
막 머라 하신다.
통신표 나오는 거 보고 모두 못하면
지지바고 남자고 호채리 해다 놓고
두드려 가며 갈챈다 하신다.

-경북 안동 대곡분교 3학년 김일겸, '공부' 에서

우리 나라 아이들이 어머니, 아버지로부터 가장 많이 듣는 말이 '공부해라'랍니다. 아이들을 위해 쓰는 돈 가운데 가장 아끼지 않는 것이 공부에 들어가는 돈이랍니다. 책이나 음반을 사 주거나 전시회, 음악회에 가는 돈은 아낄지언정 학습지나 학원에 들어가는 돈은 아끼지 않는답니다.

'머리'를 위해 투자할 줄만 알았지, '가슴'을 위해 투자할 줄은 모르는 어른들 때문에 우리 아이들은 불행합니다. 지식이야 커서도 채울 수 있지만 정서나 감수성은 하루아침에 만들어지지 않는다는 것을 어른들은 잘 모르는 모양입니다. 눈에 보이는 것만 소중한 것이 아닌데, 지금 곧 드러나는 것은 아니더라도 먼 뒷날을 위해 아이들 마음 안에 심어야 할 씨앗이 있는 것인데.

어른들은 이상하다.
아는 아이를 만나면
꼭 몇 등이냐고 물어보기 때문이다.
저번에 삼촌 친구가 와서
나보고 처음 하는 말이
"너 공부 잘하냐? 몇 등이지?"
했다.
내가 생각하기에
어른들은 모두
공부밖에 모르는 것 같다.
그러니 공부 공부만 하지

-강원 양양 조산초등학교 5학년 김인영, '공부가 왜 중요한데'

엄마들은 매일 귀에 못이 박히도록 공부만 하라고 그러신다. 나는 커서 어른이 되면 그렇게 애들을 공부하라고 그러지 않을 것이다. …… 나처럼 학원 많이 다니는 아이가 어디 또 있는지 모르겠다. 영어 학원 두 곳, 피아노 학원, 글짓기 학원, 문제집 학원. …… 어른들은 우리가 롤러스케이트처럼 굴리면 무조건 가는 건 줄 아나 보다. 나는 무조건 어른이 되면 강제라는 것은 모르는 사람이 되겠다. 그리고 어린이를 노예로 공부한테 팔지 않겠다.

-초등학교 4학년 어린이, 〈우리 말과 삶을 가꾸는 글쓰기 교육〉에서

아이들 목소리에 귀를 기울여야 합니다. 어떤 어른이라도 한때는 아이였는데 왜 그렇게 아이들 마음을 헤아리지 못하는 것인지 모르겠습니다. 그놈의 공부 때문에 아이들은 멍들고, 죽고, 제 삶을 빼앗깁니다. "아침에도 공부 / 낮에도 공부 / 저녁에도 공부 / 꿈속에서도 공부 / 공부가 최고야" 하는 노래야말로 어서 '금지곡'이 되어야 합니다.

한 문제 틀려서
좌악 긋는 옆 짝
내 가슴이 쭉
째지는 것 같다.
맞으면 내 가슴이
펄쩍 뛴다.
나는 틀리고
다른 아이가 맞으면
머리에서 뿔이 난다.

-경북 울진 온정초등학교 4학년 권현석, '시험'

시험을 미희가
더 잘 쳤다.

괜히 미희가
미운 생각이 난다.

시험은 친구를
빼앗아 가는 것 같다.

–경북 청송 부곡초등학교 5학년 정명순, '시험'

시험처럼 가슴 두근거리는 일이 또 있을까요. 누구든 시험지 앞에 앉으면 몸이 오그라들고 가슴이 답답해집니다.

요즘은 초등학생들까지도 일제고사다 뭐다 하며 시험이라는 잣대로 아이들을 더 심하게 몰아세우는 듯합니다.

아이들을 그까짓 점수 때문에 주눅들게 해서는 안 됩니다. 그렇게 똑똑한 아인슈타인도 어릴 적 성적표에는 "무엇에나 성공할 가능성이 거의 없음"이라고 써 있었다지 않습니까. 교사에게 저능아라는 말까지 듣던 질문쟁이 에디슨은 어쩌면 일찌감치 학교를 때려치웠기 때문에 훌륭한 발명가가 될 수 있었는지도 모릅니다.

시험 따위로 아이를 '시험에 들게' 하지 않아야 합니다.

골목 학교가 그립습니다

1

옛날 로마 시대에는 학교를 '루두스(rudus)' 라고 했는데 '루두스' 는 라틴어로 '놀다' 라는 뜻을 갖고 있다고 합니다. 우리 말에도 '입을 놀린다' '몸을 놀린다' '손을 놀린다' 같은 말이 있는 것을 보면 논다는 게 '일' 이나 '공부' 하고 그리 다른 말이 아니었나 봅니다. 노래도 '놀이' 라는 말에서 비롯되었다는데, 그렇다면 노래라는 것도 '소리를 갖고 노는 놀이' 일 것입니다.

아이들은 놀면서 자랍니다. 놀이 속에서 저절로 배우고 저절로 깨우칩니다. 저절로 배운 것만큼 오래 가는 것이 없습니다. 아이들끼리 꾸려 가는 '골목 학교' 가 소중한 까닭이 여기에 있습니다. 아이들이 스스로 만들어 부른 전래 동요만 봐도 그 많은 곡이 거의 다 놀면서 부르는 노래입니다.

아이들을 모을 때 부르는 노래

"야야, 모두 나와라 / 어른은 들어가고 애들 나와라 / 야야, 모두 나와라 / 여자는 필요 없다 남자 나와라"

"술래잡기 할 사람 여기 붙어라"

술래잡기나 숨바꼭질을 하면서 부르는 노래

"무궁화꽃이 피었습니다"

"꼭꼭 숨어라 머리카락 보인다 / 꼭꼭 숨어라 옷자락이 보인다 / 호랑이님 나간다 / 꼭꼭 숨어라"

"찾았네 찾았네 / 종종머리 찾았네 / 장독대에 숨었네 / 찾았네 찾았네 / 까까머리 찾았네 / 방앗간에 숨었네 / 찾았네 찾았네 / 빨간 댕기 찾았네 / 기둥 뒤에 숨었네 / 찾았네 찾았네 / 꽃고무신 찾았네 / 개집 옆에 숨었네"

고무줄 놀이나 줄넘기 놀이를 할 때 부르는 노래

"똑똑 / 누구십니까? / 손님입니다 / 들어오세요 / 문 따 주세요 / 딸깍 / 아랫목에 앉아라 / 아이구 뜨거워 / 웃목에 앉아라 / 아이구 차가와 / 의자에 앉아라 / 아이구 엉덩이야 / 땅바닥에 앉아라 / 아이구 더러워 못 앉겠어요 / 못 앉겠음 빨리빨리 나가 주세요"

"꼬마야 꼬마야 뒤로 돌아라 / 돌아서 돌아서 땅을 짚어라 / 짚어서 짚어서 만세를 불러라 / 불러서 불러서 잘 가거라 / 할머니 들어왔다 / 두부 장수 들어왔다 / 색시 들어왔다 / 모두 들어왔다 / 할머니 나가라 / 두부 장수 나가라 / 색시 나가라 / 모두 나가라"

실감기 놀이를 할 때 부르는 노래

"명주꾸리 감아라 / 실꾸리 감아라 / 명주꾸리 풀어라 / 실꾸리 풀어라"

물가에서 놀 때 부르는 노래

"두껍아 두껍아 / 헌 집 줄게 새 집 다오 / 두껍아 두껍아 / 네 집 지어 줄게 내 집 지어 다오"

"굼벵아 집 지어라 / 황새야 물 길어라 / 두덕(두더쥐)집을 지을까? / 지렁이집을 지을까? / 두꺼비집을 지을까? / 까치집을 지을까? / 굼벵인 집 짓고 / 황샌 물 긷고 / 소가 밟아도 딴딴 / 까치가 밟아도 딴딴"
"꾸정물은 나가고 / 맑은 물은 들어오고 / 흙탕물은 나가고 / 맑은 물은 들어오고"

젖은 몸을 말리면서 부르는 노래

"땅땅 말라라 / 꼬치꼬치 말라라"
"참깨 줄게 볕나라 / 들깨 줄게 볕나라 / 참빗 줄게 볕나라 / 얼레빗 줄게 볕나라"
"해야 해야 나오너라 / 붉은 해야 나오너라 / 김칫국에 밥 말아먹고 / 장구치며 나오너라 / 복죽개로 물 떠먹고 / 막대 짚고 나오너라"
"동동할멈 / 물 빼 주소 / 담배 한 대 줄게 / 물 빼 주소"

풀을 갖고 놀면서 부르는 노래

"신랑 방에 불 켜라 / 각시 방에 불 켜라 / 빨간 불 켜라 / 파란 불 켜라 / 도둑놈 들었다 / 빨리 불 켜라"(개미를 잡아 도라지꽃 봉오리 안에 넣고 이리저리 흔들면서 부르는 노래)
"수박 내 나라 / 참외 내 나라"(오이풀을 팔뚝이나 손바닥에 두들기며 부르는 노래)

메뚜기나 방아깨비를 잡아 놀면서 부르는 노래

"아침 먹이 찧어라 / 저녁 먹이 찧어라 / 우리 댁 아씨 흰 떡방아 / 네가 대신 찧어라 / 건넛집 처녀 보리방아 / 네가 대신 찧어라"

이렇게 놀면서 아이들은 말을 배우고 말의 쓰임새를 배우고 동무들 사이에 지켜야 할 것들을 배우고 혼자 세상을 헤쳐 나가는 법을 배웁니다. 즐거운 골목 학교에서 아이들은 돈 한 푼 들이지 않고 온갖 것을 다 배우고 깨우칩니다.

이 나이의 아이들에게 가장 훌륭한 교사는 한두 살 더 먹은 언니들이다. 다시 말해서 세 살배기 아이에게는 네 살배기나 다섯 살배기가, 다섯 살배기 아이에게는 여섯 살이나 일곱 살배기 아이가 가장 훌륭한 선생이다. …… 가장 훌륭한 어른과 노는 것보다 가장 심술궂은 언니와 노는 것이 아이에게 덜 해롭다.

–윤구병, 《실험 학교 이야기》에서

아이들은 많이 넘어져 보고 몸으로 겪어 봐야 튼튼히 설 수 있는데, 어른들은 아이들이 마음 놓고 노는 꼴을 못 봅니다. 아이들이 마음껏 경험하고 실패해 볼 기회를 주지 않습니다. 하나에서 열까지 아이들을 통제하고 챙기려 듭니다. 아이들이 가장 듣기 싫어하는 말이 "그만 놀고 공부해라"인 것을 어른들은 모릅니다. 아이들이 가장 듣기 좋아하는 말이 "마음껏 놀아라"인 것을 어른들은 생각조차 못 합니다. 아이 때는 노는 것이 남는 것이지요. 공자, 맹자 위에 '놀자'가 있다는 것을 어른들이 알 리 없지요. 골목 학교가 그립습니다. 이제는 찾아보기 힘든 즐겁고 신나는 학교, 골목 학교가.

2

나는 아이들이 쓴 시를 참 좋아합니다. 여기에 노래를 붙이는 일이 참 재미있습니다. 몇 해 전에 낸 '보리 어린이 노래마을' 음반이 모두 여섯 장인데 그 가운데 절반인 세 장을 아이들 말이나 시에 붙인 노래로 채웠습니다.

골목 학교가 살아 있던 때에는 아이들이 서로 어울려 놀면서 스스로 노래를 만들어 불렀습니다. 그렇지만 언젠가부터 아이들은 스스로 노래를 지어 부르지 않게 되었습니다. 놀 자리와 놀 시간을 빼앗기면서 아이들은 노래하고 멀어졌지요. 어른들이 지은 창작 동요라는 것이 있기는 하지만 아이들은 그것도 별로 달가워하지 않습니다. 너무 재미가 없고 뻔하기 때문이지요. 거기에는 말도 삶도 생각도 마음도 생생하게 담겨 있지 않은데다 마치 무슨 공식이 있는 것처럼 비슷비슷한 것이 영 마음에 들지 않아서지요.

나는 아이들 시 속에 동요의 '새로운 길'이 있다고 생각합니다. 아이들 글 속에 좋은 노래가 숨어 있다고 생각합니다. 전래 동요가 그랬던 것처럼 아이들 스스로 제 마음과 생각을 제 말로 쓴 시가 어른이 만든 창작 동요보다 더 좋은 동요가 될 수 있다고 생각합니다. 창작 동요가 물이 고인 큰 웅덩이라면 아이들이 스스로 쓴 노래는 졸졸 흐르는 작은 도랑입니다. 구불구불 흐르면서 냉이꽃도 만나고 애기똥풀도 만나고 수수꽃다리도 만나고 머루나무도 만나고 까만 새도 만나고 호랑나비도 만나고 참매미도 만나고 보리밭도 만나고 개밥별도 만나고 말잠자리도 만나면서 소리가 더 아름다워지는 작은 도랑물입니다. 어쩌면 이런 노래들이 동요가 참다운 제자리로 돌아오는 데 한몫을 할지도 모릅니다.

《일하는 아이들》《비오는 날 일하는 소》《아버지 얼굴 예쁘네요》《어머니 손가락에》《참꽃 피는 마을》《산으로 가는 고양이》《마늘 심는 마을》《살아 있는 글쓰기》《엄마의 런닝구》《허수아비도 깍꿀로 덕새를 넘고》《까만 손》《학교야, 공 차자》《거미줄로 돌돌돌》《달팽이는 지가 집이다》《소는 똥이 진짜 크다》, 달마다 나오는 〈우리 말과 삶을 가꾸는 글쓰기〉……, 모두 아이들이 쓴 시가 실려 있는 책입니다. 이 속에 싱싱한 노래의 씨앗이 잔뜩 들어 있다는 것을 나는 믿습니다. 그리고 배웁니다. 어떤 노래가 진짜배기 노래인지, 노래가 가야 할 길이 어디인지, 말이 살아 있지 않으면, 마음과 삶이 배어 있지 않으면 좋은 노래가 될 수 없다는 것을, 아이들에게 배웁니다.

참다운 아이들 노래가 많이 있으면 좋겠습니다. 조선 오이처럼 좀 못생겼어도 맛난 노래들이 많았으면 좋겠습니다.

느리게, 조금 느리게

롯데리아, 맥도날드, 케이에프시, 버거킹, 하디스 그리고 빅맥, 와퍼, 불고기버거, 라이스버거, 트위스터, 너겟, 프렌치프라이 ……, 햄버거, 감자튀김, 콜라에 입맛이 하나로 통일되어 가는 우리 아이들, 그것이 화학식품이든 가공식품이든 기름에 범벅이 된 것이든 다들 아무렇지 않게 생각하는 듯합니다.

전 세계 120개 나라에 3만 개 가까운 햄버거 가게를 갖고 있고, 날마다 새로운 가게가 다섯 개씩 생긴다는 맥도날드. 어떤 나라든 맥도날드 가게가 늘어나는 숫자에 비례해 아이들 비만율이 늘어난다는데, 미국 어린이 넷 가운데 한 명은 체중 과다나 비만 상태에 있고, 가까운 일본이나 중국만 해도 패스트푸드 판매량이 늘어나는 만큼 어린이 비만율도 늘었다는데, 우리 나라 어린이들 비만율도 점점 늘어나 많은 아이들이 비만 위험에 놓여 있다는데, 다들 별 문제 아니라고 생각하는 듯합니다.

어린이 햄버거에는 양상추 이파리 한 장 들어 있지 않고, 뼈 없는 닭고기로 만든다는 너겟은 닭고기 아닌 어떤 화학 첨가제로 맛을 낸다는 이야기도 있던데, 아이들 영양에 균형이 깨지든 비정상으로 살이 찌든 괜찮은가 봅니다. 아이들이 집단 식중독에 걸려도 얼렁뚱땅 흐지부지 넘어가는 판에 햄버거 중독쯤은 별것이 아니라고 여기나 봅니다.

한 십 년 사이에 '빠른 음악'이 참 많아졌습니다. 텔레비전에 나오는 노래는 거의 다 빠른 노래들입니다. 공장에서 찍어내듯 비슷비슷한 그 노래들은 '빨리 만들고 빨리 먹고 빨리 버리는' 패스트푸드와 닮았습니다. 정서의 불균형이나 결핍을 가져오는 것도 그렇고 당장 어떻게 되는 것이 아닌 것도 그렇고.

동요 음반도 마찬가지입니다. 음반사마다 한 음반에 노래를 몇십 곡씩 담은 동요 음반을 몇 개쯤 구색으로 갖추고 있습니다. 이 노래들은 새로 만든 것이 아니라 이미 있던 것들을 모은 것입니다. 음반 제목만 다를 뿐 담겨 있는 노래는 다 거기서 거기입니다. 아무거나 두세 가지 사면 웬만큼 알려진 동요는 거의 다 들을 수 있습니다.

동네마다 돌아다니는 목마 아저씨가 어린아이들에게 돈을 받고 목마를 태울 때 틀어 주는 음반을 들어 보면 무슨 말인지 금방 알 겁니다. 거의 같은 빠르기, 같은 악기 편성으로 숨차게 이어지는 어슷비슷한 노래들, 어떤 독창적인 빛깔도 창조적인 해석도 찾아볼 수 없는 고만고만한 노래들, 도무지 무엇을 느끼고 자시고 할 겨를이 없습니다. 아이들이 볼 만한 좋은 책은 이제 꽤 많이 나왔지만, 아이들이 정말 들을 만한 공들인 음반은 눈을 씻고 찾아봐도 몇 개 없습니다. 제대로 된 어린이 음반사 하나 없는 나라인데 오죽하겠습니까. 다 알아서 잘 크기만 바라야지.

> Speaking, Thinking and Dreaming in English!
> (영어로 말하고, 영어로 생각하고, 영어로 꿈꾸자!)
>
> – 'KBS 미디어 영어 캠프' 광고에서

참 급합니다. 많은 엄마들이 아이들을 그냥 내버려 두지 않습니다. 아이를 키우는 어머니에게 '빨리빨리'와 '많이많이'는 쉽게 피해 갈 수 없는 '주문'

이자 '기도' 입니다. 어느 집 엄마가, 우리 아이는 셈을 술술 하네, 영어 동화책을 읽네, 어쩌고저쩌고 바람을 잡으면 괜히 안절부절못하고, 방송이나 잡지에서 조기교육이 어떠니 영재교육이 어떠니 떠들어 대면 이리저리 몰려다니고, 도무지 정신이 없습니다.

아직 학교에 들어가지 않은 아이들도 학원 두세 개에 학습지 몇 개는 기본이고 영어에 속셈에 미술에 피아노까지 아이들은 만신창이가 됩니다. 아무것도 모르는 아이들은 그저 엄마가 시키는 대로 골라 주는 대로 다람쥐 쳇바퀴 돌듯 뱅글뱅글 돌게 됩니다. 그 조그만 머리통 속에 도대체 얼마나 많이 집어넣어야 속이 시원한 것인지. 이제 아이들에게 '배운다' 는 말은 '머리에 마구 쑤셔 넣는다' 는 말과 같습니다. 바르게 살아가려고 배우는 것이 아니라 빨리, 많이 배우려고 살아가는 것이 요즘 아이들입니다. 길 때 되면 기고 설 때 되면 서는 것이 아이들인데, 어른들은 시간을 거스르는 짓을 도무지 겁내지 않습니다. 피아노를 가르쳐도 바이올린을 가르쳐도 아이가 즐거워하는지 재미있어하는지는 뒷전이고 진도가 얼마나 나갔는지만 집착합니다. 아이를 가르치는 선생님도 엄마 눈치를 보며 아이에게 어디에서 어디까지 스무 번을 쳐 와라, 무엇을 서른 번 복습해라 하면서 진도 나가느라 아이를 들들 볶습니다. 아이들은 앵무새나 로봇이 아닙니다. 아이들은 비닐하우스에서 자라는 딸기가 아닙니다. 강아지든 아이든 제 마음대로 뛰어놀게 놔두어야 잘 큰다는 것을 어른들은 모르는 모양입니다. 옛말에 개도 빠져나갈 곳을 보고 쫓으라 했는데, 우리 아이들은 도무지 빠져나갈 구멍이 보이지 않습니다. 아이가 잘 크기를 바라는 마음이야 잘못된 것이 아니지만, 사람이라는 것이 어디 조물락조물락 만드는 것인가요.

모든 것을 다 알아야 하는 것처럼, 모든 것을 다 잘해야 하는 것처럼, 아이들을 내모는 어른들에게 아이들이 가장 많이 듣는 말은 '공부해라' 일 테고, 미리 배우지 않고 제때 받는 교육은 뒤처지는 교육일 테고, 옆집 아이나 뒷집 아이는 모두 경쟁 상대일 테지요.

언젠가 한 신문사에서 조사한 자료를 보니 유치원 아이 가운데 70퍼센트 이상이 이런저런 학원에 다니고, 초등학생 가운데 30퍼센트 이상이 네 과목 넘게 과외를 받는다고 합니다. 초등학생의 50퍼센트 이상이 공부 때문에 스트레스를 받고 60퍼센트 이상이 동무와 경쟁 의식을 느낀다고 합니다. 이 아이들을 어찌 하면 좋을까요? 아직 여물지 않은 아이들 몸뚱이에 온갖 지식을 주입하는 이 '주사기 교육'을 어찌 하면 좋을까요?

> 우리는 어느 사이 속도의 노예가 되었다. 우리가 가진 습관을 망가뜨리고 우리 식구들의 생활을 해치며 우리에게 패스트푸드를 먹도록 강요하는 빠른 생활 지상주의의 음흉한 바이러스에 모두들 굴복하고 있다.
>
> - '슬로우푸드 선언문'(프랑스 파리, 1989년)에서

'슬로우푸드 운동'이라는 것이 있습니다. 1986년에 이탈리아의 보라 지방에서 시작된 운동인데, 로마에 있는 스페인 광장에 맥도날드가 생기자 패스트푸드에 대한 저항으로 생겨난 것이 바로 슬로우푸드 운동입니다. 이 운동은 달팽이를 로고로 전통 먹을거리를 지키고 농산물 생산자를 보호하면서 어린아이를 비롯한 모든 사람들에게 참된 미각을 교육시키는 일을 하는데 점점 그 테두리를 넓혀 유전자 조작 식품 반대라든가 농업 규제 반대와 함께 '슬로우시티 운동'을 널리 퍼뜨리는 데도 앞장서고 있습니다.

아이가 바르게 자라기를 바란다면, 꿈을 가진 사람, 제 빛깔을 가진 사람, 창의적인 사람으로 자라기를 바란다면, 다시 생각해 봐야 합니다. 아이들에게 무엇을 먹일 것인지, 아이들에게 어떤 음악을 들려줄 것인지, 아이들에게 무엇을 어떻게 가르칠 것인지 말입니다.

통일 노래를 부르고 싶은데

이 땅에서 오늘 역사를 산다는 건 말이야
온몸으로 분단을 거부하는 일이라고
휴전선은 없다고 소리치는 일이라고
서울역이나 부산, 광주역에 가서
평양 가는 기차표를 내놓으라고
주장하는 일이라고
……
평양 가는 표를 팔지 않겠음 그만두라고

난 걸어서라도 갈 테니까

-문익환, '잠꼬대 아닌 잠꼬대' 에서

늘 통일을 꿈꾸다가 자신이 쓴 시처럼 어느 날 불쑥 북녘 땅을 다녀오신 늦봄 문익환 목사님 5주기 추모 공연, '평양 가는 기차표를 다오' 에 굴렁쇠아이들과 함께 나가 노래 몇 곡을 불렀습니다. 그 자리에서 처음 선을 보인 이원수 동요 '전봇대'는 이렇게 시작합니다.

"바람 부는 들에 나란히 서서 / 손에 손 서로 잡고 어디까지 이었나 / 눈 오는 함경도는 아버지 계신 곳 / 게까지도 이었나."

우리 할아버지와 할머니, 아버지와 어머니 모두 이북에서 나서 이북에서 자랐습니다. 이따금 아버지는 백두산 이야기를 들려주시고는 했습니다. 무대 뒤편에 만들어 놓은 기차를 물끄러미 바라보다 아버지 생각이 나서 잠깐 소리 없이 울었습니다. 조그만 강아지 한 마리 드나들 만한 '개구멍' 하나조차 없는 높고 긴 담벼락이 가로막고 있는데, 여든이 넘은 우리 어머니는 언제쯤 고향 마을에 다시 가 볼 수 있을까요? 언제쯤이면 어머니 손잡고 백두산을 오르내리며 자작나무 숲이랑 들쭉나무, 가문비나무, 개별꽃, 애기똥풀, 깽깽이풀, 달구지풀, 난쟁이붓꽃, 술패랭이꽃, 개쑥부쟁이, 껄껄이풀, 초롱꽃, 은방울꽃, 도깨비엉겅퀴, 자주꽃방망이, 바람꽃, 산미나리아재비, 도라지꽃, 그리고 백두산며느리밥풀꽃이랑 개구리참외랑 다 볼 수 있을까요?

《한국 동요 반 세기》라는 책을 뒤져 봤더니 500곡이 넘는 노래 가운데 '통일'을 주제로 한 동요는 '우리의 소원' 한 곡뿐입니다. 한겨레신문사에서 나온 노래책 《겨레의 노래》에도 '우리의 소원' 하고 '우리 산 우리 강' 두 곡밖에 없습니다. 다른 노래책까지 다 찾아봐도 아이들과 함께 부를 만한 통일 노래가 '터' '홀로 아리랑' '남누리 북누리' 정도입니다. 아이들 보기가 부끄럽습니다.

얼마 전에 내 개구쟁이 친구들인 굴렁쇠아이들이 '연어의 꿈' 축제에 노래하러 다녀왔습니다. 해마다 강에 새끼손가락만 한 어린 연어를 놓아 주는 행사입니다. 거기 노래하러 갔다가 다음 날 통일전망대에 올라가 망원경으로 북한의 산과 바다, 집과 사람들을 보고 왔습니다. 굴렁쇠아이들 가운데 가장 어린 여섯 살배기 한슬이는 한 번 보는데 500원인 망원경을 세 번이나 보느라고 1,500원을 썼습니다. 거기가 제 할머니, 할아버지가 나고 자란 땅이라는 것을 알기나 하는지.

고은 시인의 동시 '지도 놀이'에 이런 말이 있습니다.
"여기는 묘향산이다 / 천리도 단숨에 달린다는 범이 산단다 / 밤에는 범 눈 뜨면 환해진단다 / 어흥어흥 울면 /우리 아가 순이도 울음 뚝딱 그치지"
큰 산, 아버지 산 백두산에 호랑이 몇 마리 없다면 말이 안 되지요.
언젠가 이런 노래를 만든 적이 있습니다.

> 둥둥둥 길을 비켜라
> 백두산 호랑이가 나가신다
> 동네 아이들아 다 나와라
> 호랑이 등에 타고 놀아 보자
> 큰길은 성큼성큼
> 좁은 길은 조심조심
> 꼬리 잡고 맴맴
> 수염 잡고 맴맴
> 백두산 호랑이야

-백창우, '백두산 호랑이'에서

호랑이를 어떻게 보고, "호랑이 등에 타고 놀아 보자 / 꼬리 잡고 맴맴 / 수염 잡고 맴맴"이라니. 참 호랑이가 웃을 노릇이지요. 하긴 뭐, 노래로 못할 것이 어디 있겠어요. 만드는 놈 마음대로지.

이런저런 통일 노래가 많이 나와 북녘 아이도 남녘 아이도 늘 흥얼거렸으면 좋겠습니다. 마음에서부터 시작되는 통일이라야 힘이 있지요.

교실 음악회

지금 나는 서울에 있습니다. 밤이 되어도 별 하나 제대로 뜨지 않는, 어쩌다 별이 떠도 바라볼 생각조차 못 하고 살아가는 서울 하늘 아래 피곤한 얼굴로 앉아 있습니다. 내 책상 위에는 펴 보지도 않고 쌓아 둔 일주일치쯤 되는 신문과, 보다가 덮어 두거나 읽고 싶어 꺼내 놓은 책들, 미루어 둔 일들을 적은 종이, 전화한 사람들 이름과 번호가 적힌 쪽지, 우편물 봉투 몇 개가 널려 있습니다.

정신이 맑지를 않습니다. 뭐, 별로 하는 것도 없는데 사는 것이 왜 이런지 모르겠습니다. 잘 살려고 하는데도 늘 삶이 어수선합니다. 아무튼 서울이라는 동네는 마음에 들지 않는 곳입니다. 서울에서 왔다 갔다 하는 일이 영 개운치가 않습니다. 빨리 이놈의 도시를 떠나야 나답게 살아 볼 텐데요.

그래도 한 달 사이에 재미있는 일이 몇 번 있었습니다. 강화에 있는 조그만 초등학교에 가서 노미화 선생님이 가르치는 2학년 아이들이랑 함께 노래도 부르고 장난도 치면서 놀았습니다. 도대체 선생님이 여느 때 얼마나 아이들하고 노래를 불러 댔는지 이원수 동요는 모르는 것이 없습니다.

어떻게 어떻게 이야기가 새어 나가 옆 동네 학교 아이들하고도 한 시간쯤 놀았습니다.

깜짝 음악 시간을 마친 뒤엔 바다가 보이는 횟집에 가서 밴댕이회도 실컷 먹고, 진돗개랑 풍산개랑 똥개가 함께 사는 노미화 선생님네 집에 가서 차도 마시고 술도 마시고, 노미화 선생님 어머니께서 피아노로 들려주신 '엉겅퀴'도 들었습니다. 몇 달 전에 동시, 동화 작가 임길택 선생님 시에 붙인 노래 악보 몇 개를 보낸 적이 있는데 그 노래 만든 놈이 왔다니까 반가워하시면서 들려주셨습니다. 참 꿈 같았습니다.

꽃봉오리 아니어도 좋아요.
꽃술이 아니어도 좋아요.

일 끄트머리 가시 하나
흙에 묻혀 든 실뿌리 하나

그 어느 것으로라도
내가 다시 태어날 수만 있다면

꽃술이 아니어도 좋아요.
꽃봉오리 아니어도 좋아요.

-임길택, '엉겅퀴'

얼마 뒤에는 부여의 전국교직원노동조합 선생님들이 연 '교사와 교사 가족을 위한 음악회'에 음악 하는 후배들 몇하고 함께 가서 두 시간 남짓 이런저런 노래들을 불렀습니다. 내 노래야 뭐 맨날 그렇지만 객석 분위기만큼은 거의 조용필 공연 수준이었지요. 대여섯 살 난 꼬마들부터 중고생, 젊은 교사, 나이 지긋한 선생님까지 그날 온 사람들 나이 폭이 워낙 넓어 동요, 청소년 노래, 가요, 통일 노래를 막 뒤섞어 불렀습니다.

공연 뒤풀이 때 그 공연에 다리를 놓은 황금성 선생님하고 이야기를 나누다가 그 이야기가 씨가 되어 홍성에 있는 풀무농업고등기술학교에 가서도 작은 음악회를 열게 되었습니다. 조금 일찍 가서 학교를 한 바퀴 돌면서 구경을 했는데, 농부가 꿈이라는 3학년 진형이라는 녀석이 얼마나 꼼꼼하게 길 안내를 해 주는지 하마터면 저녁밥을 놓칠 뻔했습니다. 숲으로 난 길을 걸으며 오디도 따 먹고 보리수도 따 먹고 아이들이 가꾸는 오이도 슬쩍 따 먹고, 논에 풀어 놓은 오리도 보고 그랬습니다. 동아리실을 둘러보니 동아리가 꽤 많습니다. 'X 풀무'라는 록 음악 동아리부터 풍물 동아리 '한마당', 노래 동아리 '낮은음자리', 주 예수를 전하는 사람들이라는 뜻의 '주전자', 역사를 찾는 사람들이라는 뜻의 '역찾사'까지 이름도 성격도 아주 다양합니다.

학교 식당에서 아이들하고 저녁을 먹고, 강당에 앉거나 서서 시간 가는 줄 모르고 두 시간쯤 함께 노래하면서 놀았습니다. 한 학년 스물다섯씩 전교생 일흔다섯 명하고 선생님들하고 한자리에 모이니 강당이 꽉 찹니다. "너네 잘 부르는 노래부터 한 곡 할까?" 하니 '백두산'이랍니다. "백두산으로 찾아가자, 우리들의 백두산으로……" '나이 서른에'라는 노래도 같이 부르고 '꿈이 더 필요한 세상'도 부르고 아이들을 불러내 아이들 노래도 들었습니다.

머리도 별로 안 큰데 별명이 '대두'라는 녀석이 나와(든 것이 많다는 뜻인가?) '이등병의 편지'를 부르는데 마침 함께 간 후배 김현성이 만든 곡이라 옆에서 작곡자가 반주도 해 주고 노래도 같이 불렀지요. '바람'이라는 녀석하고 또 한 녀석은 기타를 쳐 가며 심각한 얼굴로 '겨울 물오리'도 부르고.

한밤중 숲속 학교에서 울려 퍼지는 기타 소리, 하모니카 소리, 노래 소리, 박수와 함성 소리. 그 자리에 함께 앉아 계시던 교장 선생님은 클래식 음악을 그렇게 좋아하신다는데 이 음악회가 혹시 지루하시지는 않았는지.

너무 막 논 것 같아, "교과서를 가르치는 학교는 많지만 교과서 밖 더 큰 세상을 가르치는 학교는 많지 않습니다. 문제 하나에 답 하나를 가르치는 학교는 많지만 사람답게 살아가는 방법을 가르치는 학교는 많지 않습니다. 여러 분은, 이 학교는, 희망의 다른 이름입니다" 어쩌고 하면서 막판에 점잖게 공연을, 아니 음악 시간을 아쉽게 끝내고 나니 밤 열 시입니다.

풀무 아이들 식으로 하자면 "고요합니다" 하고 인사할 시간이지요. 아침 인사는 "밝았습니다"이고 낮 인사는 "맑았습니다"랍니다. 농업고등학교인 이 학교 아이들은 기숙사에서 함께 생활하고 선생님들은 학교 가까이에, 또 학교 안 곳곳에 살고 있습니다. 교장과 평교사의 월급이 같고 가끔은 교장 선생님 방에서 교장 선생님하고 아이들이 함께 공부도 한답니다. 농부가 꿈인 아이들도 여럿 있고. 참 꿈 같은 곳에서, 꿈 같은 시간을 보냈습니다.

뒤죽박죽. 서울 하늘 아래서는 글을 써도 뒤죽박죽입니다. 꿈 같은 시간은 가고 나는 다시 탁한 도시 한복판에 멍하니 앉아 있습니다.

숲속 음악회

엊그제는 성미산 중턱에서 열린 '숲속 음악회'에 갔다 왔습니다. 온갖 동물들과 동네 사람들의 쉼터인 산을 허물고 나무를 베어 내고 네모난 시멘트 집을 커다랗게 지으려는 사람들에 맞서 열게 된 음악회입니다. 산 올라가는 길에 아이들이 쓴 글과 그림들이 잔뜩 붙어 있습니다. "우리 산을 살려 주세요" "산을 뿌수지 마세요"……, 이런 글들이 보입니다. 산까지 다 차지하려 하다니, 참 못난 세상입니다.

산 중턱, 숲으로 둘러싸인 넓다란 빈터에 조그만 무대를 꾸미고 그 위에는 커다란 북어 몇 마리를 놓아두었습니다. 날나리를 앞세우고 동네 어른들이 길놀이를 한 바퀴 돌고, 동네 아래까지 내려갔던 풍물패가 다 올라온 저녁 무렵부터 공연이 시작되었습니다.

'노름마치'의 풍물과 민요, 판소리 한 토막, 태껸 시범, 6학년 아이의 하모니카 독주, 장사익 아저씨의 '찔레꽃'이랑 '삼순아, 어디 갔다 온 거여' 같은 노래, 동네 어린이집 아이들의 춤과 노래 그리고 몸짓극, 시 낭송과 대금 연주. 아기부터 할머니, 할아버지까지 동네 사람이 다 모였나 봅니다. 숲이 가득 찼습니다. 한켠에서는 김밥도 팔고 동네 아저씨들이 하루 전에 뚝딱 만들었다는, 솟대를 그린 옷도 팔고 부채도 팔고. 큰 굿판이 따로 없었지요.

내 순서는 한참 뒤쪽이어서 나무 아래 앉아 공연 구경을 하면서 김밥도 한 줄 먹고, 막걸리도 한 사발 얻어 마시고, 또 앉은 채로 꼬박꼬박 졸기도 했습니다.

뒷산 늙은 호랭이
살찐 암캐를 잡아다 놓고
이빨이 없어 먹지를 못하고
올렸다 내렸다
침만 바른다

–전래 동요, '뒷산 늙은 호랭이'

아홉 시 넘어서야 무대에 올라 '뒷산 늙은 호랭이' 라는 노래도 부르고 '내 똥꼬' 랑, 동네 공부방 아이들이 가장 좋아한다는 '우는 소' 도 아이들과 함께 불렀습니다. 또 '내 자지' 라는 노래를 그 자리에서 금방 가르쳐 주고 함께 불러 보기도 했습니다. 숲을 뒤흔든 아이들의 앙코르에 우리 환경 이야기를 담은 '땅' 이라는 노래와 '개구쟁이 산복이' 도 불렀습니다.

아이들이 부르는 '햇볕' '우리 어머니' 같은 노래를 들으면서 참 기분이 좋아졌습니다. 아무렇게나 노래를 만들어서는 안 되겠다는 생각이 새삼 들었습니다. '노래 만드는 사람' 으로 뿌듯할 때도 두려울 때도 바로 이럴 때지요.

우리가 사는 세상, 우리 아이들이 살아갈 세상, 새소리와 풀벌레 소리를 듣고 맑은 시냇물에 발을 담그고 나무와 함께 숨을 쉬는 그런 세상은 그냥 얻을 수 있는 것이 아니겠지요. 숲을 지키기 위해, 흙길과 산을 지키기 위해 이렇게 아이 어른이 다 나서서 꾸민 이 소박한 숲속 음악회가 내게는 어떤 공연보다 소중하다는 생각이 들었습니다.

모두의 삶이 딱딱하고 네모난 것들에 갇힌 삶이 되지 않기를.

쏘가리는 쏘가리의 삶이 있다

씨펄씨펄 씨펄씨펄 씨펄씨펄 씨펄씨펄
씨펄씨펄씨펄 씨펄씨펄씨펄 개펄이 죽어가요
씨펄씨펄씨펄 씨펄씨펄씨펄 소리 없이 죽어가요
강은 인제 망했어요
바다도 인제 망했어요
바지락도 새조개도 삐뚤이도 꼬시래기도 농게도 꼬막도
도요새도 갯지렁이도 사람도 다 망했어요
가무락도 떡조개도 따개비도 댕가리도 달랑게도 고둥도
갯강구도 딱총새우도 사람도 다 망했어요

-안도현 시 '개펄에서 놀던 강'을 읽고 만든 노래, '씨펄씨펄'

전북 임실에 사는 시인 김용택 선생님한테 전화가 왔습니다. 집이 물에 잠기게 되었다는 것입니다. 섬진강 어딘가에 댐을 세우기로 한 모양인데 강도 사람도 큰일났다고 야단이었습니다. 꼭 자연을 거스르고 싶어하는 사람들이 있습니다. 사람이 나서서 잘되는 것이 얼마나 있다고.

'시노래모임 나팔꽃' 사람들하고는 곧 섬진강 가에서 섬진강 지키기 노래 공연을 갖기로 하고 우선 서울에서 환경 음악회를 먼저 열기로 했습니다. 하룻밤 그 생각을 갖고 뒹굴다 '쏘가리는 쏘가리의 삶이 있다'랑 '씨펄씨펄'이라는 노래를 만들었고 그 가운데 '쏘가리는 쏘가리의 삶이 있다'를 공연 제목으로 쓰기로 했습니다.

> 누구나 그렇겠지만, 살아 있는 건 무엇이나 마찬가지겠지만 강은 강의 삶이 있고 쏘가리는 쏘가리의 삶이 있지요. 이 세상에서 사람만이 소중한 존재인 건 아니지요. 자꾸 세상을 망가뜨리기만 하는 이놈의 '사람'들 때문에 야단났습니다.
>
> 풀도 나무도 강도 갯벌도 다 죽고 새도 물고기도 심지어는 지렁이까지 다 떠난 뒤, 그 적막한 땅에서 사람은 얼마나 잘 살 수 있을까요. 자연의 기운을 받지 못하고 사람이 사람답게 살 수 있을까요.
>
> 자연 환경과 마음 환경은 따로따로가 아니겠지요.
>
> 마음이 황폐해지면 자연도 황폐해지고 자연이 황폐해지면 마음도 황폐해지겠지요.
>
> 오늘 우리 마음이 '참 맑은 물살'처럼 조금은 맑아졌으면 좋겠습니다.
>
> -백창우, '나팔꽃 환경 콘서트-쏘가리는 쏘가리의 삶이 있다' 여는 글에서

김용택 시인이 공연을 위해 서울로 올라와 섬진강 가에서 태어나 지금까지 강과 함께 산 '섬진강 이야기'를 들려주었고, '저문 강에 삽을 씻고'의 정희성 시인이 초대 시인으로 나와서 새로 나온 시집 《시를 찾아서》에 있는 시 한 편을 낭송했습니다. 참 울림이 아름답고 깊은 시였지요. 공연 뒤 이날 선물 받은 시집 때문에 밤을 꼬박 새고 말았습니다. 새삼 시가 이렇게 아름다울 수 있다는 것을 다시 느꼈습니다. 시를 읽다 오선지를 꺼낼 생각조차 못 하고 시집

곳곳에 악보를 그려 넣었습니다. '발표 안 된 시 두 편만 가슴에 품고 있어도 부자' 라는데, 그렇다면 나는 정말 아주 큰 부자 아닌가. 아아, 살맛납니다.

정태춘 형이 오랜만에 나와 아직 음반에 담지 않은 새 노래들을 들려주었는데 그 가운데 '오토바이 김씨' 라는 노래가 기가 막혔습니다. 뒷날 〈다시, 첫차를 기다리며〉라는 음반에 실린 곡입니다.

황사 가득한 날 오후 숨이 가쁜 언덕길로
리어카를 끌고 가는 할머니
그 할머니 치일 듯 언덕 아래로 쏜살같이
내달려 오는 오토바이 김씨에게
이보오, 천국 가는 길이 어디요
언덕 너머 세상이 거긴가
여길 나가는 길이 어디요
할머니, 나도 몰라요

부대찌개 점심 먹고 스타벅스 커피 한 잔씩 들고
엘지 현관 앞에 서 있는 사람들
테헤란로 태극기 아래 붉은 머리띠를 두르고
으쌰 으쌰 데모하는 사람들에게 김씨가 묻네
여보세요, 새로운 세기가 어디요
21세기로 가는 길이 어디요
여길 나가는 길이 어디요
동지여, 나도 몰라요

-정태춘 노래, '오토바이 김씨' 에서

그리고 나팔꽃 가수들이 이런저런 환경 노래를 불렀지요.

안도현 시에 곡을 붙여 김원중이 부른 '땅' 이라는 노래는 언제 들어도 좋습니다.

내게 땅이 있다면
거기에 나팔꽃을 심으리
때가 오면
아침부터 저녁까지 보랏빛 나팔소리가
내 귀를 즐겁게 하리
하늘 속으로 덩굴이 애쓰며 손을 내미는 것도
날마다 눈물 젖은 눈으로 바라보리
내게 땅이 있다면
내 아들에게는 한 평도 물려주지 않으리
다만 나팔꽃이 다 피었다 진 자리에
둥그렇게 맺힌 꽃씨를 모아
아직 터지지 않은 세계를 주리

-안도현, '땅'

나도 80년대 초에 '땅' 이라는 노래를 만든 적이 있습니다. 성남 감나무골 어귀에 살 때 우리 어머니가 집 앞 빈터에 소일거리로 고추랑 완두콩이랑 배추랑 심어서 손수 가꾸던 이야기를 노래로 만든 것입니다.

자꾸만 땅이 죽어간다
자꾸만 땅이 죽어간다
이러다간 배추 심을 땅도 없고
고추 심을 땅도 없겠네

자꾸만 땅이 죽어간다
자꾸만 땅이 죽어간다
이러다간 우리 어머니
콩 심을 땅도 없겠네

한 십 년쯤 뒤에 아니, 이십 년쯤 뒤엔
배추 공장 고추 공장 콩 공장이 생겨
라면처럼 비닐봉지에 담겨진
배추를 고추를 완두콩을 먹게 되진 않을까

자꾸만 땅이 죽어간다
자꾸만 땅이 죽어간다
이러다간 나무 심을 땅도 없고
꽃 심을 땅도 없겠네

자꾸만 땅이 죽어간다
자꾸만 땅이 죽어간다
이러다간 우리 아이들
뛰어놀 땅도 없겠네

–백창우, '땅'

어머니가 가꾸던 조그만 텃밭은 공터 주인이 집을 지으려고 밀어 버리는 바람에 없어졌고 어머니는 마치 제 땅이 없어진 듯 무척 서운해하셨습니다. 노랫말처럼 몇 해 안 가 편의점에서도 비닐봉지에 담긴 김치나 고추 따위를 살 수 있는 세상이 왔고 점점 흙을 밟기 어렵게 되었습니다. 어머니는 그 뒤

스무 해가 다 되도록 다시는 배추든 완두콩이든 손수 심어 보지 못하셨지요.
그럴 땅이 없었기 때문입니다.

어른들을 위한 동요 음악회

내가 쓴 노래 스무 곡쯤을 모아 '백창우의 노래 만들기 1-어른들을 위한 동요' 공연을 했습니다. 어른들을 위한 동요라고 했는데도 아이들이 꽤 많이 왔습니다. 그 바람에 '내 자지' '내 똥꼬' '딱지 따먹기' '귀봉이 형은 좋겠네' 같은 동요를 여러 곡 불렀습니다.

어른은 참 불쌍한 존재입니다.

아이 때는 잃을 것보다 얻을 것이 더 많았지만, 어른이 되어서는 얻는 것보다 잃는 것이 더 많습니다.

아이 때는 날마다 새로운 하루를 시작하고 날마다 새로운 꿈을 꿀 수 있었지만, 어른이 되어서는 작은 꿈 하나도 품고 살기가 힘이 듭니다.

어깨 위에 늘 희망의 별 하나가 빛나고 있다는 걸 잊고 삽니다.

한때는 아이였지만 아이의 마음을 헤아리지도 못하고, 아이가 부르는 노래를 따라 하지도 못합니다.

그저 네모난 틀 속에 갇혀 그 바깥을 바라볼 생각조차 못하고 하루하루 그게 그거인 시들한 삶을 살아갑니다.

아직 남은 날들이 많습니다. 어쩌면 이제까지 살아온 날보다 더 많은 날들이 남아 있는지 모릅니다.

아침이면 눈뜨는 나팔꽃처럼 날마다 새롭게 눈뜨는 삶을 살 수 있다면 얼마나 좋을까요.

좋은 시 하나, 좋은 노래 하나 제대로 품고 살지 못하는 어른은 참 불쌍한 존재입니다.

-백창우, '어른들을 위한 동요 콘서트-어른들은 불쌍하다' 여는 글에서

내가 아이 때부터 좋아했던 양희은 아줌마가, 역시 내가 좋아하는 노래 '불행아'를 만든 작곡가 김의철 형과 함께 노래 손님으로 왔고, 도종환 시인이 이야기 손님으로 왔습니다.

'빛그림 이야기'라는 꼭지에서는 청주 덕산중학교 글쓰기반 아이들이 만든 슬라이드 '항아리'(정호승 동화)를 틀었습니다. 지난달에 도종환 선생님이 "애들이 만든 죽이는 슬라이드가 있는데" 하던 그것이지요.

'깜짝 노래'라는 꼭지에서는 '1분 11초'라는 곡을 준비했는데 다른 것이 아니고 딱 1분 11초 동안 불을 다 끄고 깜깜 어둠속에서 빗소리만 들려주는 것이었습니다. 이렇게 짧은 시간이 얼마나 긴지, 그 짧은 시간 동안 얼마나 많은 생각을 할 수 있는지, 또 삶 속에서 아주 긴 시간이 얼마나 짧게 지나가는지 함께 생각해 보고 싶었습니다.

미국의 현대음악 작곡가 존 케이지(John Cage, 1912년~1992년)가 쓴 실험적인 작품 가운데 '4분 33초'라는 곡이 있는데, 그 악보에는 조표나 음표 따위는 없고 '침묵을 지킬 것'이라는 지시와 숫자만 써 있습니다. 이 작품은 모두 세 개의 악장으로 되어 있는데 세 악장을 더했을 때 나오는 시간이 4분 33초이지요. 그 시간 동안 연주자는 피아노 앞에 앉아 아무 소리도 내지 않아야 합니다. 그렇다고 침묵만 있는 것은 아닙니다. 연주자가 아무런 소리를 내지 않더라도 사람들은 악보 바깥에 있는 또 다른 '소리 체험'을 하게 됩니다. 공연장에 따라 에어컨이나 환풍기 소리, 속삭이는 소리, 프로그램을 넘기는 소

리, 몸을 움직이는 소리 따위가 나게 마련이고, 미리 정하지 않은 우연한 소리들과 연주자의 침묵이 바로 이 곡을 이루는 것들입니다. 그렇기 때문에 이 곡은 연주할 때마다 다를 수밖에 없습니다. 이런 즉흥 음악을 다른 말로 '주사위 음악' 이라고도 부릅니다. 뭐가 나올지 모른다는 뜻이겠지요.

내가 이 공연에 '1분 11초' 라는, 말도 안 되는 곡을 넣은 것은 존 케이지의 '4분 33초' 와도 관계가 있지만 예전에 내가 쓴 '한순간' 이라는 짤막한 시에서 비롯되었습니다.

단 한 번뿐이지
우리가 살아가며 만나는 모든 순간들은

-백창우, '한순간' 에서

어떤 시간, 어떤 자리에 있더라도 그 순간은 단 한 번뿐이라는 것을 잊고 살 때가 많습니다. 나는 무대에서 노래를 할 때도 늘 이 노래는 '내가 이 세상에서 단 한 번 부르는 노래' 라는 생각을 합니다. 어떻게 보면 음반으로 고정시켜 놓은 노래도 듣는 사람에 따라, 듣는 시간에 따라, 다른 느낌을 줄 때가 많습니다. '1분 11초' 라는 곡을 넣은 또 한 가지 까닭은, 사람은 생각하는 존재라는 것을 다시 깨닫고 싶어서입니다. 1분 남짓한 그 짧은 시간 속에서도 얼마나 많은 생각을 할 수 있는지 말입니다. 또 하나는 '시간' 에 대해서입니다. 시간은 쓰는 사람에 따라 그 길이가 다르다는 것을 말하고 싶었던 것이지요.

이원수 시에 곡을 붙인 '아버지' 라는 노래를 부를 때는 속으로 울었습니다. 작곡한 뒤 한 번도 불러 보지 않은 곡이지만 꼭 이 자리에서 처음 부르고 싶었습니다. 나처럼, 어느 날 어른이 되어 보니 내가 아이 때 이미 어른이던 아버지가 지금은 곁에 없는, 그런 사람들이 많을 것이라는 생각을 했습니다.

어릴 때

내 키는 제일 작았지만
구경터 어른들 어깨너머로
환히 들여다보았었지.
아버지가 나를 높이 안아 주셨으니까.

밝고 넓은 길에선
항상 앞장세우고
어둡고 험한 데선
뒤따르게 하셨지.
무서운 것이 덤빌 땐
아버지는 나를 꼭
가슴속, 품속에 넣고 계셨지.

이젠 나도 자라서
기운 센 아이.
아버지를 위해선
앞에도 뒤에도 설 수 있건만
아버지는 멀리 산에만 계시네.

어쩌다 찾아오면
잔디풀, 도라지꽃
주름진 얼굴인 양, 웃는 눈인 양
"너 왔구나?" 하시는 듯
아! 아버지는 정다운 무덤으로
산에만 계시네.

-이원수, '아버지'

노래하는 동안 많은 기억들이 되살아나 필름처럼 빠르게 내 몸을 지나갔습니다.

아부지 산소에 나무 심으러 가는 날
흙 먼짓길 오십 리 마음 심으러 가는 날
하늘살이 삼 년 된 아부지
요즘은 뭘 하며 지내시나
세상엔 다시 봄이 와
아부지 그리 좋아하시던 진달래도
산마다 붉게 타는데
지내실 만한지
겨울은 잘 나셨는지
올봄엔 진달래 꽃잎 따다
술이나 담글까
그 내음에 취해
노래나 몇 개 만들게
아부지 산소에 나무 심으러 가는 날
따뜻한 봄볕 아래 한잠 자러 가는 날

–백창우, '아부지 산소에 나무 심으러 가는 날'

내가 열아홉 살 되던 해 봄에 아버지는 '다음 세상'으로 떠나셨습니다. 형제가 많은 집안에서 늦둥이 막내로 자란 내게 아무도 아버지가 암에 걸렸다는 이야기를 해 주지 않았습니다. 그저 많이 편찮으시다고만 했지, 암이 도져 삶이 얼마 남지 않았다는 사실을 이야기해 주지 않았습니다.

늦게 덤으로 얻은 자식이라서 그랬는지 나는 늘 집안에서 어린아이 취급을 받았습니다. 누나나 형들과 나이 차이도 많이 났고, 그런 내가 이런 아픔과 기다림을 견뎌 내기에는 너무 어리다고 여겼나 봅니다. 그렇지만 나는 곧 그 일을 눈치챘고 식구들 바람대로 모르는 척하고 하루하루를 보냈습니다.

내가 정말 견디기 힘들었던 것은, 무엇보다도 죽음을 기다리는 아버지를 위해 내가 할 수 있는 일이 아무것도 없다는 사실이었습니다. 그때 나를 품어 준 것이 바로 시와 음악이었습니다. 나는 지쳐 잠들 때까지 시를 읽고 음악을 들었지요. 그리고 내 마음의 풍경들을 시에 담고 거기에 곡을 붙여 노래했습니다. 두 번째 작곡집인 〈노래마을 1집〉 음반에 있는 '한 아이' '아버지꽃' 같은 노래들이 그때 만든 노래들이지요.

본래 아이들을 좋아했던 아버지는 내가 아주 어릴 때, 그러니까 겨우 걸을 때쯤부터 어디든 나를 데리고 다니기를 좋아하셨습니다. 교회 장로인 아버지가 교회 사람들 모르게 피우던 담배도 나랑 같이 있을 때는 마음 놓고 피우고는 하셨지요. 나는 어렸지만 아무한테도 그런 이야기를 하지 않았습니다. 아버지랑 나랑 가진 비밀이었지요. 시장 구경도 서커스 구경도 아버지랑 다녔습니다. 무슨 잘못한 일이 있어 회초리를 들 때도 아버지는 내 차례가 되면 어머니에게 어서 말리라는 눈짓을 보내고는 했습니다. 나는 아버지를 좋아했고, 중학교 때까지는 아버지 젊은 날처럼 축구 선수를 하기도 했습니다. 고등학교 때인가는 친구들하고, 내 학비 노릇을 하던 장학금(미국 어느 단체로부터 두 달인가 석 달에 한 차례씩 장학금을 받았는데 통장으로 들어오고는 했습니다)을 몽땅 써 버린 적이 있었는데, 어느 날 아버지가 텅 빈 통장을 보고 나를 한번 쳐다보면서 "그놈, 참" 하며 허허 웃던 생각도 납니다. 나중에 이 일을 알게 된 큰형한테는 흠씬 얻어터졌지만 말입니다.

아버지가 떠난 뒤 지금까지 아버지는 늘 내 시와 노래 속에 숨쉬고 있습니다. "눈 녹으면 땅 드러날 날 있다"고 한 아버지의 말 한마디는 내게 늘 힘이 되어 줍니다. 몸으로 말하는 법을 가르쳐 줍니다.

이 세상에 슬픔이 없는 사람은 없습니다. 그렇지만 사람의 마음 안에는 슬픔을 이겨 낼 수 있는 힘도 함께 있다는 것을 나는 압니다. 절망이 깊을수록 희망의 별도 가깝게 떠 있다는 것을 말입니다.

내 책꽂이에는 '어른을 위한 동화'가 여러 권 꽂혀 있습니다. 정호승 시인이 쓴 《항아리》《연인》《모닥불》, 안도현 시인이 쓴 《연어》《관계》《사진첩》《증기 기관차 미카》, 도종환 시인이 쓴 《바다 유리》, 최승호 시인이 쓴 《물렁물렁한 책》《황금털 사자》, 곽재구 시인이 쓴 《낙타풀의 사랑》, 하종오 시인이 쓴 《도요새》, 그리고 《뱀, 너무 길다》(쥘 르나르), 《세상이 아직 어렸을 때》(유르그 슈비거), 《파파라기》(에리히 쇼이어만), 《죽고 싶지 않았던 빼빼》(김성동), 《모모》(미하엘 엔데), 《심각한 소설》(쿠르트 쿠젠버그), 《책상은 책상이다》(페터 빅셀), 《치질과 자존심》(이청준), 《네가 풀이었을 때》(한수산), 《갈매기 조나단》(리차드 바크), 《어린 왕자》(생텍쥐페리), 그리고 쉘 실버스타인의 책들…….

그동안 내가 알게 된 것은 나만 별을 바라보는 게 아니라 별들도 나를 바라본다는 사실이었습니다.

-정호승, '기차 이야기'에서

나는 시계 바늘에게 묻는다. / '정확해진다는 게 뭐지?' / 시계 바늘이 나에게 대답한다. / '그건 갇힌다는 거야.' / 시계 바늘이 말을 잇는다. / '나는 요즈음 정신을 차릴 수 없을 정도로 바빠.' / 내가 말한다. / '나도 그래.'

-안도현, 《사진첩》에서

욕심을 버리고 마음을 깨끗이 비워 두어야 한다. 그래야 늘 새로운 것으로 채워질 수 있단다.

-도종환, 《바다 유리》에서

당신이 만약 고래였다면 어린 고래에게 젖을 물려야 했을 것이다. 고래에게도 젖꼭지와 배꼽이 있다.

-최승호, 《물렁물렁한 책》에서

사막이 아름다운 건, 사막 그 어디엔가 우물이 숨어 있기 때문이야.

-생텍쥐페리, 《어린 왕자》에서

어른들을 위한 동화라는 것이 가만 보면 사람의 삶에 대한 것입니다. 어떻게 사는 것이 아름다운 삶인지, 무엇을 자꾸 담아 두는지, 무엇을 자꾸 잃어버리는지, 무엇을 봐야 하는지.

내가 생각한 '어른들을 위한 동요'도 마찬가지입니다. 어른들을 위한 동화가 이야기라면 이것은 노래라는 것이 다르다면 다를 뿐.

돌아보니 내가 첫 음반을 내던 스무 살 무렵, 그 음반 제목을 '어른들을 위한 자장 노래'라고 붙이려다 만 생각이 납니다.

나이가 들수록 몸과 마음이 무거워집니다. 가진 것이 많아 새 길을 걸어갈 엄두를 못 냅니다. 첫눈이 와도 그리운 사람들에게 짤막한 엽서 한 장 보내지 못하는 삶이 어른의 삶이라면, 어른은 참 불쌍한 존재입니다. 내가, 사는 것같이 사는 날이 올 때까지 어른들을 위한 동요를 쓰는 일은 계속될 겁니다.

덤

띄엄띄엄 쓰는 일기

하루
하루는 다
다른 날인데, 어느 순간도
다 한 번뿐인데,
날마다
새롭게 눈뜨고
새롭게 사랑하고
새롭게 시작하고 싶은데,
이놈의 삶이라는게
참.

1

그림쟁이 진원이 녀석이랑 오랜만에 만나 저녁부터 마시기 시작한 게 새벽까지 이어졌다. 절 아래서 몇 달 지내더니 다음 달이면 아예 산에 들어간다고 한다. 못된 놈, 나보다 먼저 세상을 등지려 하다니. 마음속에 비가 내린다.

점심 때도 저녁 때도 아닌 어중간한 시간, 삽살개 식구들하고 홍대 앞 중국집에서 서로 다른 걸 시켜 먹고는 건너편 찻집에서 또 제각기 저 마시고 싶은 차를 시킨다. 때때로 서로 다른 얘기가 뒤섞이고, 차 마시는 내내 세상엔 비가 내린다.

2

나팔꽃 콘서트가 있는 날이라 대학로에서 하루를 보냈다. 이야기 손님으로 나온 김준태 시인의 "역사는 눈물로 얼버무려서는 안된다"는 한마디 말이 가슴을 때린다. 공연이 있을 때마다 생각지 않았던 사람들을 만난다. 미국에 가서 기타를 공부하다 돌아온 '다섯 손가락'의 두헌이도, '참교육의 함성으로'를 만든 현신이도 이게 몇 해 만에 보는지 모른다. 이렇게 서로 만나지 않을 때도 시간은 간다. 개밥그릇에 돌아와 몇 줄 쓰려고 네모통 앞에 앉으니 벌써 세 시다.

3

답답하고 답답하고 답답해서 창이란 창은 다 열어 놓았지만 답답한 마음이 풀리지 않아 억지로 한잠 자고 일어났다. 좀 낫다. 세상은 언제나 내 마음대로 굴러가지 않고 나는 늘 세상이 바라는 대로 굴러가지 않는다. 날씨도 우중충하고 내 마음도 우중충하다. 오늘 같은 날 노래를 만들면 또 얼마나 우중충한 노래가 나올까.

에이, 그냥 만화책이나 잔뜩 빌려다 봐야겠다.

답답하고 답답하고 답답한 날.

4

오랜만에 아무런 약속도 없는 날, 작업실에만 틀어박혀 하루를 보냈다. 참 시간이 빨리 간다. 뭐 별로 한 게 없는데 어느새 하루가 다 지났다.

마루야마 겐지의 《산 자의 길》을 읽는다. 원고료 수입만으로 살고, 쓰고 싶은 글만 쓰면서 사는 그의 삶이 꽤 그럴듯하다.

삶과 글쓰기가 느슨해지는 것 같아 이를 경계하기 위해 50세 생일 아침 머리를 빡빡 밀어 버리고 날마다 면도칼로 새로 자라난 머리카락을 깎는다는 사람, 그는 지금 뭘 하고 있을까.

"참된 예술은 섬세하기는 해도, 무르거나 약하지는 않다. 한순간에는 죽은 것처럼 보이지만 때가 되면 반드시 부활과 재생을 이룬다"는 그의 말 한마디만으로도 나는 완두콩만큼 행복해진다.

5

홍성에서 있었던 나팔꽃 노래 공연에 갔다 와 한참을 자고 일어났다.

오랜만에 맨발에 고무신을 신고 무대에 섰다. 아마 지난해 메밀꽃 축제 때 봉평 장터에서 내 고무신이 헐었다고, 현성이가 사 준 그 고무신일 거다.

맨발에 고무신을 신고 다닐 때 제일 편하다.

맨발이거나 또는 맨발에 고무신을 신고 노래할 때 제일 기분이 좋다.

가장 적게 입고 노래할 때 제일 노래가 잘 된다.

내 음반에 있는 노래, 다 맨발로 녹음한 거라는 걸 사람들은 모를 테지.

양말을 신을 필요가 없는 이천 몇 백 원짜리 고무신이 내 삶을 조금은 자유롭게 한다.

6

새벽 네시, 읽던 책을 덮고 막 자려고 하는데 황토스님이 들이닥쳤다. 바둑 두 판 두고 나니 어느새 여섯시 반.

두어 시간 조각잠을 잔 뒤 지난해부터 작업을 했던 창작 태교음반 〈엄마와 아기가 함께 떠나는 음악여행〉의 마스터링(음반 마무리작업)을 위해 녹음실로 가 졸며 깨며 저녁이 되어서야 겨우 작업을 마쳤다.

작업실로 오는 길 내내 태교음반에 있던 '아가, 무슨 노랠 들려줄까' 란 노래가 맴돌았다.

> 아가 너를 위해 무슨 시를 들려줄까
> 아가 너를 위해 무슨 노랠 들려줄까
> 이 세상 모든 꽃들이 널 위해 피어나고
> 이 세상 모든 별들이 널 위해 빛나는 걸

–백창우, '아가, 무슨 노랠 들려줄까' 에서

오랫동안 마무리를 못했던 일을 마치고 나니 앓던 이를 뺀듯 시원하다.

늘 마침표를 제대로 찍지 못하는 이놈의 삶, 언제나 달라질까.

7

요즘은 작은 일에도 금방 화가 난다. 조금만 마음을 톡 건드려도 참지를 못한다. 전에는 화나는 일이 있어도 한잠 자고 나면 아무렇지도 않았는데, 요즘은 깬 뒤에도 영 개운치가 않다. 어떤 날은 화를 삭이지 못해 하루를 다 망치기도 한다.

이렇게 살면 안 되는데, 이렇게 쫌스럽게 살면 안 되는데. 자꾸 나빠진다.

8

낮, 녹음실에 들러 《나팔꽃 북시디 2집》에 넣을 '하수도는 흐른다' (안도현 시, 백창우 곡, 안치환 노래)를 녹음했다. 치환이 녀석이 노래가 너무 어렵다고 툴툴댄다. 아무도 부르지 않은 노래를 처음 부르는 게 어디 쉬울라구.

9

낮, 살구씨랑 막둥이랑 개밥그릇 정리. 늘 어수선한 내 삶처럼 이놈의 작업실도 오케스트라 총보(모든 악기의 갈 길이 그려져 있는 악보)처럼 정신이 없다. 더 단순하고 가볍게 살아야 하는데.

10

아침부터 작업실 소파에 길게 누워 빗소리를 들으며 한잠 늘어지게 잠.

나 자는 사이 살구씨가 틀어 놓은 트레이시 체프만 노래를 들으면서 깸.

가구 살 일이 생각나 빗속을 뚫고 아현동 가구 동네를 찾아갔지만 한 집도 문을 안 열었다. 한 달에 한 번 쉬는 날이 하필 오늘이라니 참. 몇 해 전 만든 '비 오는 날은 공치는 날' 이라는 노래가 문득 떠오른다.

> 비 오는 날 공치는 날
> 오늘은 외상술에 함께 젖고
> 세상을 이렇게 뒤엎을 수 없느냐며
> 영욱이는 만만한 물주전자를 뒤엎었다
>
> -김해화, '인부 수첩 20-비 오는 날 공치는 날' 에서

저녁, 나무들하고 용산에 가서 내가 따로 쓸 컴퓨터를 찾아보느라 한 시간쯤 발품만 팔고 맘에 드는 게 없어 그냥 옴.

밤, 책상 옆에 쌓아 둔 밀린 신문을 한꺼번에 봄. 별것도 없는 걸.

'개밥그릇' 에 들어가 그동안 못 읽은 글을 한꺼번에 읽은 뒤, 이틀이나 보내지 못한 노래 편지를 '개밥그릇' 친구들에게 보냄. '지 맘대로 보내는 노래 편지' 로 바꿔야 할까 보다.

으, 느림보 개.

내일은 아무도 안 만나고 어딘가에 꼭꼭 숨어 밀린 책 원고나 써야겠다.

11

덥다, 완전 덥다. 가마솥에 그냥 누운 채 밥도 굶고 한 서너 시간 자는지 마는지 뒹굴다 일어나니 벌써 두 시가 넘었다. 밖은 여지없이 쨍쨍. 매미소리가 꿈 안인지 꿈 밖인지 모르겠다. 다 벗고 있는데도 땀이 줄기차게 흐른다.

책도 안 읽히고 글도 안 써진다. 지난 달에 잠깐 다녀온 무주계곡 생각이 굴뚝같다. 그때 서울로 돌아오지 않았어야 하는데. 가만, 오늘 밤에 누굴 만나기로 한 것 같기도 하고 아닌 것 같기도 하고. 머리통이 사막이다.

12

삽살개 식구들하고 잠깐 얘기 나누고 함께 밥 먹고 밀린 신문 다 보고 새로 낸 동요 음반 다시 한번 살펴보고 커피 두 잔 마시고 몇 군데 전화온 거 받고 어물쩡거리다보니 저녁이다. 또 밥 먹고 들어와 토막잠 두어 시간 자고 일어나 비 오는 거리를 걷는다. 자정이 넘었는데도 거리엔 제법 사람들이 많다. 혼자 우산 속에 있으니 이런저런 생각이 꼬리를 문다. 마음이 흐렸다 개었다 한다. 이제 여름이 다 갔나 보다. 한참 걷다 보니 몸이 춥다.

13

저녁때가 다 되어서야 잠에서 깼다.

한 열 시간은 잤나 보다.

'이 세상에 없는 방'(몰래 숨어 책도 읽고 글도 쓰고 비디오도 보고 잠도 자는 내 비공개 소굴 이름)에서 나와 선지 해장국 한 그릇을 사 먹고 '숨어 있는 책'에 들러 책을 몇 권 샀다.

무엇보다 오래전에 나온 이제하의 소설 몇 권을 구해서 그런지 책 한 보따리를 들고 오면서도 걸음이 가볍다.

방에 돌아와 머리맡에 책을 잔뜩 싸 놓고는 이 책 저 책 뒤적거리다, 지난 달에 사다 놓고 채 못다 읽은 임의진 목사의 《참꽃 피는 마을》을 읽는다.

거기 있는 글 한 꼭지.

"집집마다 해바라기를 심어 주고 싶다.

비 오는 날 해바라기를 보라고."

지난해인가 지지난해인가 만났을 때 강진 '남녘 교회' 에 한번 놀러 간다고 해 놓고는 아직 가지를 못했는데.

그 집에 사는 개 '두리번' 이랑 '별똥별' 도 보고 싶고, 그 개들하고 주거니 받거니 얘기를 곧잘 나눈다는 그 집 아이도 보고 싶고, 흙방 앞에 걸린 풍경 소리도 듣고 싶고, '가시나무에서 딴 작고 노란 열매 차' 도 한잔 얻어먹고 싶고 그런데.

14

너무 마음이 안 좋은 날.

사막에 혼자 서 있는 것 같은 날.

막 소리라도 한참 지르거나 한바탕 울고나면 좀 날 것 같은데 그러지도 못하고 온몸에 금이 가도록 나를 내팽겨친 날.

아무것도 할 수가 없는 날.

잠도 오지 않는 날.

세상 밖으로 나가고 싶은 날.

조금 더 어렸을 땐 마음 무너지는 일이 있어도, 곧 이겨내곤 했는데 요즘은 그게 쉽지가 않다. 오래오래 그 기운이 남는다.

15

밤새 비가 오다 말다 한다.

빗소리는 늘 마음을 편안하게 하지만 천둥 번개는 어릴 때나 지금이나 언제나 무섭다.

이불 푹 뒤집어 쓰고 어린 아이 때처럼 구구단이나 외울까.

16

새벽, 오이냉국을 만들었다. 재미삼아 세어 보니 오이 두 개를 채써는 데 칼질을 백여든세 번이나 해야 한다.

조금은 뿌듯한 마음으로 오이냉국에 밥 말아 늦은 밤참을 먹었다.

이제 다른 세상으로 가봐야겠다. 밖이 환하다.

17

낮, '숨어 있는 책' 에서 홍순관, 최종규 선수랑 만나 헌책방 몇 군데를 돌았다. 최종규 선수 안내로 홍대랑 신촌에 갈 때 이따금 들리는 책방들은 빼고 가보지 않은 데를 찾아 다녔다.

'들머리 헌책방' 에선 내가 제일 좋아하는 그림책인 《심심해서 그랬어》를 한 권 더 샀고, 예전에 깜빡 놓친 장석주 시인의 소설 《이산의 사랑》이랑 쉘 실버스타인의 《다락방의 불빛》 영어판도 살 수 있었다.

저녁, 순관은 공연 연습 때문에 먼저 가고 종규랑 둘이서 밤 9시까지 책방을 돌다 서대문시장 뒷골목 밥집에서 물국수 한 그릇씩 먹고 헤어졌다.

언젠가 '공씨 책방' 을 낸 공진석 선생이 정호승 시인에게 "책을 내더라도 마지막 순간까지 헌책방 책꽂이에 꽂힐 수 있는 그런 책이 아니라면 아예 내지를 말라"고 했다는 얘기가 생각난다. 오늘 딱 한 군데에 내가 전에 낸 시집이 한 권 꽂혀 있었다. 그렇게 막 내는게 아니었는데.

일기를 쓰는 사이 비가 그쳤다.

그냥 빗소리나 듣고 있을걸.

18

밤, 방에 엎드려 최승호 시인이 쓴 《물렁물렁한 책》을 단숨에 읽었다. 겉보기보다 너무 괜찮은 책이다. 생각의 씨앗이 많이 숨어 있다. 잠자던 상상력이 막 뒤척이기 시작한다.

- 연중 강우량 1mm로도 모래쥐 새끼들이 태어나고 사막식물들은 번식한다. 만약 내가 사막의 모래쥐로 태어났다면 종교 이전에 1mm 비에 기뻐했을 것이다.

- 사람의 몸을 받고 몸에 갇혀서 나는 옹색해졌다. 이 몸뚱이만을 나로 여기면서 나에게는 타자들이 생겨버렸다. 고집도 생겼다. 몸에 대한 집착도, 자기애도, 나에 대한 측은지심도 생겨버렸다. 사람의 몸을 받고 나에게는 이름이 붙게 되었다. 이름에 갇히고 욕망에 갇힌 채 그러나 과연 그것들이 나인지를 깊이 의심하지 않으면서 나는 살아왔다.

- 몸은 뚱뚱하지 않은데 나는 무척 무거워져 버렸다. 사람의 몸을 받고 몸에 갇히여서 나는 옹색함의 무거움을 갖게 되었다.

- 망둥어가 보기에 멍게의 삶은 얼마나 엉뚱한가. 갈매기가 보기에 게의 삶은 얼마나 엉뚱한가. 낙지가 보기에 조개의 삶은 얼마나 엉뚱한가.

- 앞발의 변형인 가슴지느러미가 길이 6미터 가량 되는, 성질이 활달하면서도 느린 혹고래여, 너와의 의사소통을 위해 나는 지금껏 아무런 노력도 한 것이 없다.

- 젖은 아스팔트길로 나온 지렁이 한 마리가 그로기 상태에서 흐느적거린다. 꿈틀거리는 절망은 언제쯤 녹초가 되는 것일까?

19

나무들이랑 기찻길 옆 작은 집에서 비빔국수랑 부침개를 만들어 먹었다. 비도 안 오는데.

20

보림 출판사 사장님이 좀 보자고 해서 나무 1이랑 보림에 들러 차 한잔 하면서 이런저런 얘기를 나누고, 그림책 만드는 '달리' 선수들이 좀 만났으면 해서 새로 이사간 일터로 찾아가 또 차 한잔 하면서 이런저런 얘기를 나누고, 거기 와 있던 화가들이랑 약초술 한잔 하면서 이런저런 얘기를 나누고, 사무실로 돌아와 오늘 보기로 한 김원중 선수랑 또 차 한잔 하면서 이런저런 얘기를 나누고, 건너편 밥집에 가서 저녁 먹고 나니 그럭저럭 하루가 거반 가 버렸다.

밤에 '개밥그릇' 에 좀 들어가 보려는데 네모통이 말을 안 들어 그만두고 어제인가 그제인가 빌려다 놓고 보지 않은 비디오를 봤다.

김기덕 감독의 '수취인불명' 이라는 영화인데 참 우중충한 영화다. 도대체 거기 나오는 어느 누구도 단 한 번 웃지를 않는다. 얼마 전에 봤던 '파이란' 만큼이나 슬프고 마음이 어두워지는 영화다. 진창 같은 삶이 왜 그렇게 많은지 모르겠다. 좀 환하게 살 수 있었으면 좋겠다.

즐겁게, 시원시원하게, 신나게, 맨날, 이런저런 꿈들을 만지작거리면서 살았으면 좋겠다.

21

작가연대서 일하던 현욱이한테서 전화가 왔다. 김명곤 형이 어제 새벽 갑자기 심장마비로 세상을 떠났다고 한다. '사랑과 평화' 때 '한동안 뜸했었지' 같은 노래도 발표하고 '빙글빙글' 같은 새로운 감각의 노래를 작곡하기도 한 형이다. 스물 몇 살 땐가 만나 나랑 복음성가를 수십 곡이나 함께 작업하기도 하고, 내가 쓴 '내 하나의 사람은 가고' 나 '벙어리 바이올린' 같은 노래를 편곡하기도 하고, '별바라기' 란 노래에서는 코러스를 직접 넣기도 하고, 또 '파란 나라' 로 동경가요제에 나갈 때는 내가 악보를 그려주기도 했었는데…….

무슨 속이 그렇게 상했길래 한 주일 내내 술을 마셨을까. 광석이 떠날 때도, 지난 번 문호근 샘 떠날 때도 그렇게 믿어지지 않았는데.

옷을 갈아입고 금로랑 강남성모병원으로 가 향도 사르고 절도 하고 기도까지 하고 나왔지만 영 현실같지가 않다. 그도 천상병 시인처럼 하늘로 돌아가 '아름다운 이 세상 소풍 끝나는 날 아름다웠더라고' 말할까.

누구든 시작은 있지만 끝은 알 수 없는 삶. 오늘도 하늘 어딘가에 새로운 별 하나가 오르겠지.

22

밤, 작업실로 돌아오는 길에 '숨어 있는 책'에 들러 최종규 선수가 구해다 맡겨 놓은 윤오영 수필집 초판을 찾았다. 책 뒤엘 보니 값이 280원이라고 쓰여 있다.

작업실에서 혼자 장애우 공연에 쓸 '덕석이'라는 노래를 다듬었다. 덕석이 스물네 살 때 만든 노래니 꽤 되었다. 악보가 누렇다.

스물네 살 덕석이는 귀가 어둡지
그래서 그에게는 맑은 눈물이 있지
홀로 잠을 깨는 고독 속에서
시로도 적을 수 없는 그런 눈물이 있지

세상은 그를 외면해도
그는 세상을 사랑하지
그 가슴에 빛나는 날개를
누가 짐작이나 할까

-백창우 노랫말, '덕석이'에서

덕석이는 잘 지내고 있을까. 이따금 나를 보고싶어 할까. 요즈음엔 어떤 시를 쓸까.

23

어제는 비가 내렸네
키 작은 나뭇잎 새로
맑은 이슬 떨어지는데
비가 내렸네
우산 쓰면 내리는 비는
몸 하나야 가리겠지만
사랑의 빗물은
가릴 수 없네

–영화 '어제 내린 비' 주제가 한토막

엊저녁 '우리교육' 김견 선수네 일당하고 부슬부슬 내리는 비를 보며 늦게까지 술을 마시다 들어와 뭔가를 하다 잠이 든 듯한데 통 아무 기억이 없다.

하루 내내 입속으로 '어제 내린 비' 만 흥얼거리고 있는데, 순관이가 오랜만에 탁구나 한판 치자고 전화를 했다. 엉뚱한 놈.

24

신경숙의 새 장편 소설 《바이올렛》을 읽었다.
불난 뒤 새벽 거리를 향해 달려간 그 개는 어디로 갔을까.
술에 취하면 항아리 속에 들어가 노래를 부르던 사람 생각이 하나 남았다.
그리고 부에나비스타소셜클럽의 노래.

내 뜰에는 꽃들이 잠들어 있네
글라디올러스와 장미와 흰 백합
그리고 깊은 슬픔에 잠긴 내 영혼

나는 꽃들에게 내 아픔을 숨기고 싶네
인생의 괴로움을 알리고 싶지 않아
내 슬픔을 알게 되면 꽃들도 울 테니까

깨우지 마라, 모두 잠들었네
글라디올러스와 흰 백합
내 슬픔을 꽃들에게 알리고 싶지 않아
내 눈물을 보면 죽어 버릴 테니까

25

예민의 '나의 나무'를 틀고 시집 한 권을 꺼내 읽는다.

나무보다 아름다운 시를
나는 모른다

시는 나같은 바보가 쓰지만
나무를 만드는 건 신만이 할 수 있지

-조이스 킬머, '나무들'에서

나무 한 그루 못 보고 또 하루가 갔다.
내가 나무를 보든, 보지 않든 세월은 간다.

26

우리는 단지 질문하다 사라질 뿐

-파블로 네루다, '우리는 질문하다가 사라진다'에서

묻고 묻고. 묻고 또 묻고. 아무것도 물을 게 없을 때, 그때가 바로 사라질 때일테지. 질문도 다 못 하고 마칠 인생, 답이 없은들 어떠랴.

27

낮, 녹음실. 굴렁쇠아이들 가운데 큰굴렁쇠아이들하고 노래 몇 곡을 녹음했다. 루다는 연락이 되지 않아 못 왔고, 한솔이는 기타 학원 때문에 형 한빛이가 대신 와, 녹음은 주연이랑 성화랑 서연이랑 했다. 다 초등학교 들어가기 전부터 굴렁쇠아이들 모임을 시작했는데, 어느새 이렇게 커 버렸다.

주연이는 제 꿈대로 작곡과에 원서를 냈고 성화는 유아교육과에 원서를 냈다고 한다. 서연이는 이제 고등학교 2학년이 되는 거고. 빨리 돈 벌어서 이 녀석들 학비도 보태고 꿈을 잘 이룰 수 있도록 도와야 할 텐데. 참 밝게 컸다. 아이들과 함께 먹은 설렁탕이 오늘 아주 맛있었다.

28

주문한 책들이 왔다.

상자를 뜯으면서 벌써 충분히 행복해진다.

그나저나 언제 다 읽지.

29

봄은 봄인가 보다. 앞산에 산벚꽃이 흐드러졌다. 바람이 조금만 불어도 꽃잎이 나비처럼 날린다.

며칠째 몸이 영 신통치 않다. 머리도 아프고 눈도 아프고 이도 아프고 목도 아프고 어깨랑 팔도 아프고 배도 살살 아프다. 어머니한테 가고 싶다. 어머니 곁에 누워 며칠 끙끙 앓다 오고 싶다.

약을 먹고 누웠는데도 통 잠이 오질 않는다. 뭘 하기도 싫고.

방 불을 끄니 창 밖 목련이 환하다.

30

진원이 녀석이 산에서 잠깐 내려왔다.

성하랑 금로랑 함께 만나 밥도 먹고 술도 마시면서 몇 시간 수다를 떨었다. 가만히 그냥 있으면 괜히 슬퍼질 것 같아 가볍게 가볍게 떠들면서 놀았다.

새로 얻은 산 이름이 '도심' 이라고 한다. '길 도' 에 '찾을 심' 길에서 뭘 찾아 보겠다고 도심인가.

그 자리에서 나도 장난으로 이름 하나를 후딱 지어 가졌다. '도몽' 이라고. 길 위에서 꾸는 꿈이라. 그럴듯하다. 이제껏 살아온 걸 돌아보면 딱 맞는 이름이다. 맨날 꿈만 꾸면서 살아왔지 않은가.

나중에 황토스님도 와서 한잔 더 하고 밖으로 나와, 길이나 제대로 찾을지 모르겠다고 낄낄대면서 헤어졌다.

그놈 말이 거기 또 다른 세상이 있다는데, 거 참. 어디 거기뿐일까.

통 잠이 오지를 않는다, 씨.

31

> 저무는 하루. 문 안에서 검은 소가 운다
>
> –황지우, '바깥에 대한 반가사유' 에서

> 울음 끝에서 슬픔은 무너지고 길이 보인다
> 울음은 사람이 만드는 아주 작은 창문인 것
>
> –신현림, '자화상' 에서

말을 아껴야 할 때가 있다. 조금만 늦게 말해도 될 것을, 조금만 더 담아 두어도 될 것을 참지 못해 다른 이의 마음도 베이고 내 마음도 베인다. 날이 가면 언젠가 깨닫게 될 것을 그만 서둘러 버린다.

마음이 아프면 아무것도 할 수가 없다. 억지로 한잠 자고 일어나 방을 치운다. 어지르고 치우고 또 어지르고 또 치우고. 이 뻔하고 뻔한 되돌이표. 내 방이나 내 삶이나 뭐 다른 게 없다. 시도 노래도 삶도 사랑도 맨날 어지르고 또 치우고. 내 마음 하늘이 오늘도 캄캄하다.

32

하루 종일 비오는 날. 이가 너무 아파 치과엘 갔다. 그냥 있어도 아프고 치료 받는 것도 아프고. 치료 받을 때면 차마 볼 수가 없어 눈을 꼭 감게 된다. 귀도 좀 막을 수 있었으면 좋겠다.

33

밖에 나와 빈 까치둥지를 바라보며 담배 한 대 피고 있는데 책이 왔다. 책방 갈 시간이 나지 않아 인터넷으로 주문한 건데 척척 잘도 갖다준다.

정동주 시인의 《어머니의 전설》을 읽는다. 어머니가 들려준 노래들을 스무해 동안 틈틈이 받아 적고 거기에 이야기를 더해 놓은 책인데 흑백 사진과 함께 노래가 73곡이나 실려 있다.

"이바구는 거즌말이지마는 노래는 참말인기라" 하는 말이 여기에도 나오는 걸 보면, 옛어른들은 노래를 정말 '마음의 말' '참말'로 여긴 모양이다.

밖에는 언제부터인지 소리없이 비가 내린다. 좋은 음악은 제 티를 별로 내지 않지. 낼 아침엔 나무가 더 푸르겠다.

34

세실극장, 안치환 콘서트 마지막 날. 순관이랑 오랜만에 객석에 앉아 한눈도 팔지 않고 자지도 않고 처음부터 끝까지 다 보았다. 이게 얼마 만인지. 공연 끝나고 공연장 옆 지하 술집서 1차 하고 홍대 앞 지붕 없는 옥상 술집에서 2차. 공연은 두 시간이었는데 뒤풀이는 끝날 줄 모른다.

치환이 녀석이 취한 김에 그동안 담아두었던 속말을 퍼붓는다. 누구한테 뭔 말을 들었는지, 형이 그러면 안된다고 하는데, 한번 생각해 봐야겠다. 뭘 그래야 하고, 뭘 그러면 안되는지. 비가 오는 바람에 새벽 6시쯤 헤어졌다.

35

한 한 달쯤 내버려 뒀더니 방이 난장판이다. 그리 작은 방이 아닌데 겨우 나 하나 누울 자리밖에 안 남았다. 사방에 하다 만 것들, 하고 있는 것들, 해야 할 것들이 나를 둘러싸고 있다. 참 무거운 삶이다.

저녁, 동화 쓰시는 권정생 선생님하고 통화. '나팔꽃집보다 분꽃집이 더 작다' 도 '강아지 똥' 도 다 좋으니 그대로 진행하라고 하신다. 아이들을 위해 좋은 노랫말도 쓰겠다고 하신다. 어둑하던 마음이 환해진다.

36

사랑을 잃고 나는 쓰네

잘 있거라, 짧았던 밤들아
창 밖을 떠돌던 겨울 안개들아
아무것도 모르던 촛불들아, 잘 있거라
공포를 기다리던 흰 종이들아
망설임을 대신하던 눈물들아
잘 있거라, 더 이상 내 것이 아닌 열망들아

장님처럼 나 이제 더듬거리며 문을 잠그네
가엾은 내 사랑 빈 집에 갇혔네

-기형도, '빈 집'

곽재구, 박남준, 안도현, 김수열 시인이랑 현성, 순관, 살구씨랑 제주도에서 시 노래 콘서트를 함.

스물아홉 번째 생일을 엿새 앞두고 종로의 한 심야 극장에서 숨진 시인 기형도의 시에 곡을 붙인 '빈 집' 을 사람들 앞에서 처음 부른 날.

밤에는 함께 갯물과 바닷물이 만나는 데로 나가 두어 시간 음주방담. 안도현 왈, 여기서는 아무리 마셔도 취하지 않는대나 뭐래나. 그래서 다들 신나게 마셨다.

새벽 한두 시쯤 제주 시인들이 잘 간다는 재즈 까페로 옮겨 우리끼리 '술 취한 콘서트' 를 두 시간쯤 가짐. 박남준 형이 '감자꽃' 이랑 '봄비' 를 기막히게 불렀고 안도현도 2절이나 되는 '내 하나의 사람은 가고' 를 끝까지 틀리지 않고 부름. 노래에 취해 새벽까지 마시고 마심.

토막잠 속에서도 파도 소리는 그치지 않고.

이따금 시간 밖으로 나갔다 오는 일은 즐겁다.

참 즐겁다.

37

저녁, 무등산 증심사 뜰에서 산사 음악회를 가졌다. 오랜만에 내 이름을 걸고 하는 음악회인데 너무 심심할 것 같아 순관이랑 살구씨를 꼬드겨 함께 공연을 했다.

'소년' 이라는 노래를 할 때는 건너편 산봉우리 위로 달이 잠깐 나왔다 들어갔다. 음악회 내내 비가 부슬부슬 내렸지만 아무도 자리를 뜨지 않았다.

나팔꽃 캠프 때 만났던 김기련 씨 식구들이 방을 잡아 놓아 절에서 자기로 했던 계획을 바꿔 산을 내려왔다.

돌아보면 내 삶 곳곳에 아무 조건 없이 내게 무언가를 베푼 사람들이 있다. 언제나 내가 누군가에게 무엇을 베풀었던 때보다 누군가가 내게 무언가를 베풀었던 때가 훨씬 많다.

38

아침, 눈이 펑펑 내려 산장에 갇힐지도 모른다는 전갈이 와 회문산을 내려 옴. 그냥 모르고 있다 며칠 갇히는 것도 괜찮은데. 오는 길에 김용택 샘이 새로 옮긴 덕치초등학교에 들러 교실 구경도 하고, 점심으로 콩나물 국밥이랑 모주랑 배불리 먹음.

천안 솔내음솔님 집에 가 진돗개 부부인 섬실이와 두칠이가 이번에 낳은 강아지를 안아 들고 나옴. 딱 한 마리만 낳아서 그런지 두 달도 안 된 녀석이 꽤 크다. 작업실에 붙여 놓은《심심해서 그랬어》에 나오는 녀석이랑 정말 똑같이 생겼다. 낯을 많이 가린다고 했는데 이 녀석, 마치 태어날 때부터 함께 지낸 것처럼 서울 올 때까지 한번 보채지도 않고 조수석에 엎드려 잘만 잔다. 내가 마음에 드는 모양이다.

도시락이랑 게장이랑 사다 함께 저녁을 먹고 작업실 구석구석을 구경시켜 줬다. 아무래도 당분간은 함께 자야겠다.

39

한 해의 끝날, 함박눈이 왔다.

세상이 아직 아름답다고 하는 듯, 덮을 것은 이제 다 덮어 두고 새 길을 내라고 하는 듯.

> 어린 나무 가지 끝에 찬 바람 걸려 담 밑에 고양이 밤새워 울고
> 조그만 난롯가 물 끓는 소리에 꿈 많은 아이들 애써 잠들면
> 흰눈이 하얗게 흰눈이 하얗게
>
> –조동진, '흰눈이 하얗게' 에서

한 해 동안 노래를 몇 개나 만들었는지 모르겠다. 언제 부를지도 모르는 노래를 말이다. 때때로 하루가, 한 달이, 한 해가 너무 짧다는 생각이 든다.

40

하루 종일 눈이 온다. 세상이 환해졌다. 내 마음도 환해졌다. 새벽엔 미르(어린 진돗개 이름)를 내 자리에 누이고 노래 편지를 썼다. 아침에 조동진 노래 '흰눈이 하얗게' 랑 함께 보내야겠다. 미르 녀석, 내 베개에 코 박고 잘도 잔다. 무슨 꿈을 꾸는지 혼잣소리로 뭐라고 뭐라고 한다. 언젠가 무대 한쪽에 미르랑 미르 밥그릇이랑 놓고 세상에 한 번도 없었던 그런 공연을 한 번 해야지.

41

시인 안도현한테서 메일이 왔다. 언젠가 얘기한대로 내 동요를 듣고 '백창우 노래는 힘이 세다' 는 글을 썼다.

쩝. 내 노래가 물에 뜬 개구리밥이나 물달개비보다 아름다운가. 저절로 싹을 틔우는 민들레보다 힘 있는가. 나팔꽃도 까마중도 채송화도 분꽃도 때가 되면 꽃을 피우는데 내 노래, 조그만 씨앗 하나라도 품고 있는가. 쩝쩝.

"급하게 쓴 글이라 개떡 같다"고 했지만 글을 참 맛있게 쓴다. 어쩌면 그렇게 시도, 시 아닌 글도 잘 쓰는지. 언제 바둑 한판 둬야 하는데.

42

남산 자락에 있던 작업실을 성미산 아래 잔다리길에 있는 빨간 벽돌집으로 옮겼다. 조그맣더라도 뜰이 있는 집을 찾아봤지만 마땅한 집이 없었다. 뜰에 모과나무가 있고 집 앞에 까치집도 세 개나 있는 남산 작업실이 참 좋았는데. 한 몇 년 열심히 돈을 모아 그 집을 사자고 나무들하고 약속했는데. 잔뜩 쌓아 놓은 짐을 보면서 한편 마음이 쓸쓸하고 한편 새로운 기운이 솟는다.

43

장사익 아저씨한테서 전화가 왔다. 지난번에 보낸 노래 가운데 김지하 시에 붙인 '서울 길' 이 마음에 든다고 한다. 어떤 노래가 될지 벌써 궁금하다.

44

MBC 뉴스에서 이번에 나온 마암분교 아이들 동요집 《예쁘지 않은 꽃은 없다》를 다루겠다고 해서 보리 식구들하고 함께 운암에 갔다. 운암 호수 위에 있는 창우네 집에 갔는데 창우는 이가 아파 병원에 갔다고 해서 김용택 선생님이랑 다희랑 셋이 운암호가 내려다보이는 원두막에 아무렇게나 앉아 동요 몇 곡을 불렀다. 바람이 어찌나 차고 센지 기타 치는 손이 곱을 정도다.

처음 이 녀석들 시에 노래를 붙인 것이 다희 1학년 때였는데 금세 이렇게 자랐다. 그때 가장 어리던 다희랑 창우가 이제 5학년이니 말이다.

촬영 다 끝내고 김용택 선생님 동네로 가 전주비빔밥 한 그릇씩 먹고 집에 들어가 차 한잔 마시고 나니 밖이 깜깜해졌다.

45

수첩이랑 공책들을 정리했다. 쓰다말다 한 수첩과 공책이 한 100권쯤은 되는 것 같다. 이렇게 사니 늘 머리통이 뒤죽박죽이지.

그 가운데 10권쯤은 일기 공책인데 거의 다 첫 장이 12월 1일이다. 그러고 보니 한 해의 시작을 12월로 잡은 지도 스무 해가 넘었다. 남들보다 한 달 일찍 한 해를 시작하는 건지, 열한 달 늦게 한 해를 시작하는 건지.

내 일기장 사이에 어머니 일기 공책이 끼여 있어 슬쩍 읽어 본다. 1987년 1월 6일 일기에 보니 이렇게 쓰여 있다.

"참으로 유쾌한 하루였다."

요즈음에도 일기를 쓰실까?

"참으로 심심한 하루였다."

이런 글이 되풀이되는 것은 아닌지 모르겠다.

시간은 멈춰 서지 않는다. 어떤 순간도 단 한 번뿐이라는 것을 자꾸 잊는다. 스무 살에는 스무 살의 노래가 있고 스물아홉 살에는 스물아홉 살의 노래가 있다는 것을 자꾸 잊어버린다.

46

보리어린이 노래마을 시리즈가 모두 세상에 나온 걸 기념해, 인사동 인사아트센터에서 원화전시회와 콘서트를 가졌다.

음반이랑 책 작업이 한 2년쯤 걸린 듯 하지만, 만지작거린지는 10년도 더 되는 것 같다.

굴렁쇠아이들과 노래하는 내내 《딱지 따먹기》같은 음반을 또 만들 수 있을까 하는 생각이 들었다. 노래도, 그림도 참 마음에 든다.

47

초등학교 교사나 음악 교사를 대상으로 연 '백창우 동요교실' 마지막 날. 여섯 주가 금방 갔다. 아직도 할 게 많은데.

오늘은 팀을 몇 개로 나누어 교실, 또는 선생님과 아이들을 주제로 공동창작 시간을 가졌다. 짧은 시간인데, 공동창작한 노래들이 꽤 괜찮다. 창작 동요제 노래들보다 백배 낫다.

밤늦게 마쳤지만 우리교육 뒷길 술집으로 자리를 옮겨 자정 무렵까지 강의 때 못다한 얘기를 나누었다. 비는 사흘 째 그치지 않고.

48

올 한 해 일지를 쭉 살펴보니 참 지저분하다. 공연이 예순 번이 넘고 강연도 스무 번이 넘는다. 일본이랑 중국 학교에도 열흘 남짓 갔다 오고, 동요 캠프도 하고, 여행 다큐인 '그 곳에 가고 싶다' 도 한 일주일쯤 찍었다. 게다가 나팔꽃 음반이랑 《이원수 동요 3, 4집》이랑, 《백창우, 시를 노래하다》에 들어갈 곡들도 녹음하고, 한겨레 신문에 주마다 노래 이야기도 쓰고 그랬으니 말이다. 이러니 한 해가 이렇게 금방 가지. 이래선 안 되겠다. 꼭 지금 해야할 게 아니면 하지 말자. 미룰 수 있는 게 있으면 미루자. 이건 내가 꿈꾸는 삶이 아니다.

49

오늘은 시계 보지 않는 날이다.

손목시계는 아예 차고 다니지도 않고 방에는 시간이 제대로 맞는 시계가 한 놈도 없는데 시간 밖으로 나가기가 쉽지 않다.

숲에는 시계 따위가 없는데.

50

낮, 인사동에서 제천 기적의 도서관 운영위원회 사람들이랑 철수 형이랑 만나 함께 점심 먹고 '이철수 판화전'을 다시 보러 갔다. 거기서 묵언수행중이던 이현주 목사님도 보고 리영희 선생님도 만났다. 나무들한테 마음에 드는 그림 하나씩 고르라고 했더니 다들 눈이 반짝인다. 나도 하나 찜 해두었다.

51

EBS 스페이스 공감 공연 첫째날. '동요와 마임' 꼭지가 꽤 괜찮다. 앞으로도 몇 차례 더 해봐야겠다. 굴렁쇠 정선이가 핸드폰 고리로 스누피 세 마리를 줬다. 무지 이쁘다. '한영애의 문화 한 페이지' 인터뷰 잠깐 따고, 오원형이랑 성은이 앞날에 대해 얘기 나눴다. 언제 들어도 마음이 환해지는 이 녀석 노래를 세상이 다 좋아할 날이 올까.

52

낮, 안성 교육청. '다 다른 노래, 다 다른 아이들'이란 제목으로 전교조 안성지회 연수 강의를 한 뒤, 저녁 청주 흥덕 문화의 집에서 아주 특별한 만남 '백창우는 백창우다'를 하고, 산속에 있는 도종환 시인 흙집으로 가 지단까지 제대로 갖춘 도종환 표 국수를 맛있게 먹고 이런저런 얘기 나누다 새벽 4시에 잠.

아차, 아침에 일찍 일어나야하는데.

53

야스쿠니반대공동행동 한국위원회 공연단으로 굴렁쇠아이들과 함께 도쿄에 온지 이틀째다. 오늘은 어제 일본 교육회관에서 있었던 공연에 이어 메이지공원 야외무대에서 우리가 준비한 콘서트를 했다.

개나리꽃 들여다보면 눈이 부시네.
노란 빛이 햇볕처럼 눈이 부시네.
잔등이 후끈후끈, 땀이 배인다.
아가 아가 내려라, 꽃 따 주께.

아빠가 가실 적엔 눈이 왔는데
보국대, 보국대, 언제 마치나.
오늘은 오시는가 기다리면서
정거장 울타리의 꽃만 꺾었다.

–이원수 시에 붙인 노래 '개나리꽃'

여기 모인 대만 사람들이랑 일본 사람들은 이 노래들이 무얼 담고 있는지 알까. '개나리꽃' 이랑 '십자가' (윤동주 시)만이라도 두 나라 말로 번역을 해 왔으면 좋았을걸 하는 생각이 들었다.

공연이 끝난 뒤 저녁에는 야스쿠니신사까지 촛불 행진을 했다. 굴렁쇠 성은이, 한슬이, 다솔이, 슬기 녀석이 한 손엔 촛불을 들고 또 한 손엔 '야스쿠니 노(NO)' 같은 구호를 쓴 팻말을 들고 막 앞서 걷는다. 일본 보수단체 사람들이 방송차까지 동원해 거리 곳곳에서 겁을 주는데도 아랑곳 하지 않는다. 이쁜 녀석들. 내일은 아침 집회를 땡땡이 치더라도 맛있는 것도 좀 사주고 선물도 좀 사주고 그래야겠다. 첫날부터 집회에, 공연에, 촛불 행진에, 한번 제대로 놀지도 못했는데.

54

드디어 《백창우, 시를 노래하다》가 내가 바라던 12월 1일에 맞춰 나왔다. 책 두 권에 음반 넉 장, 그리고 악보집이랑 덤으로 만든 음반 〈좋은 음악을 들을 때 나는 자유롭지〉까지 다 만드는 데 한 3년쯤 걸렸나 보다.

이제 우진이랑 대성이랑 발뻗고 자겠지.

홍순관, 방기순, 이정미, 나무(이숲), 허정숙, 권진원, 김원중, 정태춘, 권혁진, 김용우, 김가영, 프리다칼로, 김은희, 뚜아에무아, 장사익, 김현성, 이정열, 한보리 그리고 달팽이(주연, 성화)랑 제제랑 굴렁쇠아이들이랑 신동초등학교 풀빛반 아이들 ……. 노래한 사람이 도대체 몇 명이야, 분명히 빠진 사람이 있을 텐데. 꿈을 꾼 것 같다. 이렇게 무지막지한 일을 또 해내다니.

55

오사카, 둘째날.

낮, 김송이 샘 동생인 김미자 샘 안내로 악기점 들러 꼬마 기타랑 방울 타악기 두 개 사고, 지지난해에도 들렀던 문구점에 다시 들러 스누피 일지랑 개가 새겨져 있는 도장이랑 삼.

저녁, 순관, 현성이랑 나무들하고 공연장 꾸미고 곳곳에 공연 때 켤 초 마련.

밤, 촛불을 밝히고 '행복의 나라로' 를 부르며 공연 시작. '십자가' '산유화' '가을 우체국 앞에서' '부치지 않은 편지' ……, 그리고 동요 몇 곡과 시낭송.

공연장을 마련해 준 문화센터(KOREAN CULTURE LABO) 홍정숙 관장 시아버지께서 공연이 너무 좋았다며 한국 음식점에서 뒤풀이 쏨.

20년 동안 힘겹게 '원 코리아 페스티벌' 을 꾸려온 정갑수, 김희정 부부랑 원 코리아 페스티벌 일꾼들이랑 늦게까지 마시고 숙소로 돌아옴.

내일 오사카 동중 축제 공연 때는 아이들이 좋아한다는 '터' 랑 '홀로 아리랑' 이랑 '임진강' 도 불러야 하는데 가만, 악보가 다 어디 갔지? 에이, 낼 일어나는대로 찾아보지 뭐. 불 꺼.

56

어린이 잡지 《개똥이네 놀이터》 창간 축하 모임.

개똥이네 놀이터 식구들인 신오키, 윤은주, 선혜연 선수가 준비한 노래 연주랑 연극도 보고, 오랜만에 반가운 이들이랑 늦게까지 마셨다. 가만, 누구누구 있었지? 윤구병, 이주영, 박문희, 이성인, 김중철, 이은홍 부부, 달리 디자인팀, 편해문, 박선미 샘이랑 예쁜 딸, 장차현실 가족, 그리고 화가들……. 몇 시간 안 되었는데 벌써 가물가물한 걸 보니 오늘 좀 마셨나.

57

하루 종일 눈 온 날, 헤이리 작업실서 나오는 길에 차가 한 바퀴 돌았다. 다행이다. 아무도 없는 데서 돌아서. 가로등이랑 내 차랑 좀 찌그러졌다. 미안하다. 또 살아났다.

58

엊그제 MBC 아침 뉴스에 《백창우, 시를 노래하다》 소식이 나오더니 오늘은 CBS랑 KBS 뉴스에 또 나온다. 어, 웬일? 이런 것도 다 내주고.

만 세트만 얼른 나가라, 호기롭게 큰소리 빵빵 치며 초판 만 세트 질러버린 우리 편집자 우진이 활짝 웃게.

59

새벽내 눈이 오더니 길이 예쁘다.

밤엔 신중현 라스트 콘서트 '내 기타는 잠들지 않는다' 보러 잠실 체육관.

'미련' '나는 너를' '거짓말이야' '늦기 전에' '봄비' '님은 먼 곳에' '커피 한잔'……. 참 대단하다. 어린 나이에 집과 학교를 뛰쳐 나와 저렇게 자기 길을 만들어 내다니.

김견 선수는 표만 건네 주고 이삿짐 정리해야 한다고 도망.

60

낮, 헤이리 작업실에서 정일근 시인이랑 같이 점심 먹고 몇 시간 동안 낄낄대며 얘기 나눔. 히말라야 고행견 얘기도 듣고 일본 캐릭터마을 얘기도 듣고 '나를 망친 선생님' 같은 재미있는 책도 말로만 몇 권 만들고 그랬다. 시는 그렇게 진지하게 쓰는 사람이 말은 어찌 그리 재미있게 하는지.

61

'백창우 동요 캠프' 첫날. 아침에 서둘러 나와 일산에서 캠프 가는 아이 셋을 태우고 삼척 삼무곡자연학교로 출발. 바다를 끼고 달리는 7번 국도는 언제나 아름답다.

학교에 도착하니 낯익은 아이들도 몇 보인다. 모모도 보이고. 저녁에 잠깐 맛있게 깜빡잠을 자고 아이들이랑 늦게까지 놀았다. 닷새 동안 이렇게 다른 세상에서 다른 시간들을 보낼 생각을 하니 기분이 좋다. 오늘은 잠도 잘 올 것 같다.

62

대안학교인 청미래학교에서 '네모 안에 있는 음악, 네모 밖에 있는 음악'이란 주제로 내리 닷새 동안 음악 특강을 했다. 대안학교 청소년들마저도 네모통(텔레비전, 인터넷) 바깥에 있는 음악에 대해선 정말 아는 게 너무 없다. 김민기도 이연실도, 밥 딜런이나 존 바에즈도 이 아이들은 들어본 적이 없는 듯 하다. 이 아이들이 과연 제 노래의 주인이 될 수 있을까. 그저 구경꾼으로 살게 되면 어쩌지.

63

오규원 시인이 떠났다. 한겨레 신문에 그 소식과 함께 '한 잎의 여자'가 다시 실려, 뒷간에 앉아 조그맣게 소리내 읽다가 그대로 노래를 붙였다.

나는 한 여자를 사랑했네. 물푸레나무 한 잎같이 쬐그만 여자, 그 한 잎의 여자를 사랑했네. 물푸레나무 그 한 잎의 솜털, 그 한 잎의 맑음, 그 한 잎의 영혼, 그 한 잎의 눈, 그리고 바람이 불면 보일 듯 보일 듯한 그 한 잎의 순결과 자유를 사랑했네.

-오규원, '한 잎의 여자' 에서

좋은 시인은 언제 떠나도 늘 너무 일찍 떠나는 것. 가까이 있을 때는 생각조차 못한다. 아니, 안 하는 것인지도 모르지. 그가 떠나리라는 것을.

64

헤이리 나무 화랑, '이철수 판화전—가족' 전시 마지막 날. 철수 형이 쓱쓱 1분도 안 걸려 그림 하나를 그려 주었다. 정말 마음에 드는 점박이 개다. 나를 그려준 듯.

65

맑은 날. 대안학교 아이들인 푸른이, 다빈이, 도형이, 희윤이, 현빈이랑 '생명의 강을 모시는 사람들' 이 도보순례 하고 있는 한강변에 나가 작은 공연을 했다.

미안해
미안해
그저 묵묵히 곁에 있는 좋은 친구
정말 좋은 친구야, 미안해
꺽지야 미안해 피라미야 메기야 미안해
모래무지야 미안해 다들 미안해

-백창우, '미안해, 강아' 에서

삽질을 하려거든 강 말구 밭에서 하시구요
뱃놀이를 하려거든 강 말구 바다에서 하시지요
새들이 오지 않는 운하는 싫어
물고기들 살지 않는 운하는 싫어

–박남준, '삽질을 하려거든 강 말구 밭에서 하시지요' 에서

좋잖아
신나고
근사하고
멋있잖아

나무와 새와 사람
나비와 개들까지
함께 산다는 것
얼마나 좋아

–최병수 · 백창우, '좋잖아' 에서

푸른 강 푸른 숲 다 사라진 뒤
우린 정말 행복할 수 있을까
새들도 물고기도 다 떠난 뒤
우린 정말 행복할 수 있을까

–백창우, '그런 세상을 꿈꿔요' 에서

복사해 간 악보를 나눠 주고 다들 함께 불렀다. 모두 처음 부르는 노래들이다. 공연 마친 뒤 한강대교 아래까지 함께 걸었다.

이 세상에는 강을 망치려는 사람들도 있고, 강을 지키려는 사람들도 있다.

66

예술의 전당 미술관에서 하고 있는 '스누피 라이프 디자인 전'엘 다시 갔다. 지난번에 시간이 없어 대충 보고 온 게 아쉬워 이번엔 조금 일찍 갔다. 여러 나라의 예술가와 디자이너들이 스누피를 주제로 새로 창조해 낸 작품들을 모아 놓은 전시회인데, 꽤 볼 만하다. 아예 며칠 여기서 지냈으면 좋겠다. 스누피 왈 '행복이란…… 지붕 위에 누워 하늘을 바라보는 것' 나한테는 올라갈 지붕도 없지만 그래도 오늘은 개밥그릇 만큼 행복한 날이다.

67

권정생 선생님 떠나신지 딱 1년 되는 날. 저녁 때쯤 안동에 도착해 안상학, 배창환, 박남준 시인이랑 이상석 샘, 편해문, 박기범 선수랑 막걸리 집서 서너 시간 마시다가, 자정쯤 이상석 샘 부부, 배창환 시인, 그리고 박기범이랑 남현선이랑 권정생 선생님 집에 가서 마당에 둘러 앉아 촛불 두 개 켜놓고 권정생 선생님 시에 붙인 노래도 부르고, 이런 저런 얘기도 나눴다. 우리가 둘러 앉은 바로 옆 나무에 앉아 있다가 노래가 다 끝나자 잘 들었다는 듯 그때서야 집 저편으로 날아가던 소쩍새의 그 맑고 환한 울음이 가슴에 오래 남을 듯. 누가 소쩍새 울음이 슬프다고 했지? 그때 그때 다른가? 두 시쯤 숙소로 돌아와 네 시쯤 잠.

68

방 넓이는 손바닥만하고 남쪽으로 두 문이 열렸네
낮에 해가 와 비치면 밝고 따스하지
집은 비록 바람벽을 둘렀을 뿐이나 온갖 책이 쌓여 있네
차를 반 항아리 다리고 향 한 자루 피웠네
사람들은 누추하다고 못살겠다 하지만 내가 보기엔 하늘나라와 같네

마음과 몸이 편하니 어찌 누추하다 할까
내가 정말 누추하게 여기는 것은 몸과 이름이 아울러 썩는 것

-허균, '누실명' 에서

작업실 이사를 해야 하는데 마땅한 곳이 찾아지질 않는다. 아무 데나 가기에는 갖고 있는 게 너무 많다. 언제쯤이면 내가 나비처럼 가벼워질 수 있을까.

69

너무 화가 나 잠이 오지 않는다. 도대체 사람을 어디까지 믿어야 하는 걸까. 다른 소리는 하나도 들리지 않을만큼 음악을 크게 틀어 놓고 바닥에 큰 대자로 눕는다. 아무런 생각도 들지 않았으면 좋겠다.

물이 깊어야 큰 배가 뜬다
얕은 물에는 술잔 하나 뜨지 못한다
이 저녁 그대 가슴엔 종이배 하나라도 뜨는가
돌아오는 길에도 시간의 물살에 쫓기는 그대는

얕은 물은 잔돌만 만나도 소란스러운데
큰 물은 깊어서 소리가 없다
그대 오늘은 또 얼마나 소리치며 흘러갔는가
굽이 많은 이 세상의 시냇가 여울을

-도종환 시에 붙인 노래 '깊은 물'

그래, 장자가 그랬지. 물이 깊지 않으면 큰 배를 띄울 수 없는 법이라고.
내 마음이 언제나 큰 배를 띄워도 될만큼 깊어질까.
한 십 년에 한 번쯤은 이렇게, 사는 게 영 지읒같다.

70

나는 아무것도 바라지 않는다.

나는 아무것도 겁내지 않는다.

나는 자유.

크레타 섬이란 데가 얼마나 먼 곳일까? 카잔차키스의 무덤, 그 묘비에 써 있다는 글을 꼭 한 번 보고 싶은데. 눈 딱 감고 한 며칠 비워 내면 갔다올 수 있을까?

71

세상 밖으로 나와 지낸 지가 일 년 남짓 되었나보다. 아무도 만나지 않고, 아무런 일도 하지 않고 지냈다. 그동안 '생각'이란 놈 때문에 참 힘들었다. 늘 나는 나였는데, 내가 나 아닌 적이 없었는데, 내가 모르는 나가 세상을 돌아다니고 있다는 생각을 하면 끔찍했다. 나 아닌 누군가가 내 삶을 제멋대로 단정하고 있다는 생각을 하면 잠이 오지 않았다.

내가 어떻게 살아 왔는지, 또 내가 어떻게 살아 갈지 그들은 알고 있다는 걸까.

내 집 주소를 기억하지 마

나를 기억하지도 마

주소 불명

수취인 불명

나는 지금

행방불명 중

-천양희, '부재'

당분간 폐업합니다.

이 들끓는 영혼을

–장석주, '어떤 길에 관한 기억' 에서

나는 다시 길을 갈 수 있을까. 그 길 위에서 다시 꿈을 꿀 수 있을까. 내가 나로 다시 살 수 있을까.

72

낮, 용인 산속에 있는 순관네 집에서 정태춘 형 부부, 김규항 선수네 부부랑 함께 삼겹살 구어 먹고, 라면도 끓여 먹으면서 자정 넘어까지 놀았다. 이렇게, 일 때문이 아니라 그냥 만나 아무 생각 없이 놀 때가 참 즐겁다.

73

아침 8시 국악 방송국. 오전에는 뭘 하는 게 너무 힘들어 대개 낮 2시 이전엔 약속을 잡지 않는데, 소리꾼 오정해가 진행하는 시간이라고 해서 밤을 새고 나갔다. 멍하다.

방송 마치고 윤구병 샘 사무실에 갔더니 새로 나온 이담 그림책《모르는 게 더 많아》랑, 그이가 나한테 주라고 했다며 개를 그린 그림 하나를 함께 주셨다. 뉴욕의 무슨 그림전에서 처음 상을 탄 작품이라고 한다. 왜 나한테 이렇게 귀한 걸 주는 거냐고 했더니, 내가 이 그림의 주인으로 어울릴 것 같다고 하면서 전해 주라고 했단다. 어떻게 알았을까, 내가 이 개랑 잘 지낼 거라는걸.

구병 샘이랑 '기분 좋은 가게' 에 앉아 오미자차 한잔 하다가, 인디언 악기인 '비를 내리는 나무' 가 새로 들어온 게 눈에 띄어 공연이나 녹음 때 쓸 생각으로 큰놈 하나 작은놈 하나 골라 계산대로 들고 가는데 구병 샘이 얼른 셈을 치르고는 "선물이야, 잘 써" 하고는 도망치듯 나가신다. 한 손에 하나씩 '비를 내리는 나무' 를 들고 나오는데 아주 기분 좋은 빗소리가 나를 따라 나온다.

74

작업실 한켠에 쌓아 둔 악보 상자들을 정리한답시고 뒤적거리다 아침이 되어서야 빗소리를 들으며 잠이 들었는데, 깨어보니 저녁 때가 다 되었다. 창밖을 보니 장대비가 무섭게 쏟아지고 있다. 열어 놓은 창으로 비가 들이쳤는지 악보들이 다 젖었다. 급한 마음에 휴지로, 수건으로 물을 닦아내다 문득 든 쓸데없는 생각. '이 세상에 내가 만든 노래를 다 들어줄 사람이 한 사람이라도 있을까?' 쯧쯧, 카잔차키스는 "우리는 노래한다. 아무도 우리 노래에 귀기울이지 않을지라도"라고 했는데.

75

피카소가 그랬지. '나는 모든 걸 그림으로 말한다'고. 그런데 나는 왜 노래로만 말하며 살지 못하나.

76

《이오덕 노래상자》《권정생 노래상자》《임길택 노래상자》랑, 여기에 담지 못한 노래들을 모아 놓은 아주 특별한 노래상자 《살구꽃 봉오리를 보니 눈물납니다》가 이제 다 나왔다.

진작 나왔어야 할 게 이상한 몸살을 겪느라 한 2년쯤 늦었다.

음반 일곱 장에 책 네 권. 시낭송이나 음반에 숨겨 놓은 것들을 빼고, 노래만 세어 보니 모두 108곡이다. 108곡. 어느 삶인들 번뇌가 없으랴.

수양버드나무가
말랑말랑합니다.
까치 꽁대기가
꼼짝꼼짝합니다.

-상주 청리초등학교 3학년 김오원 시에 붙인 '까치'

세상의 어머니는 모두가 그렇게 살다 가시는 걸까
한평생 기다리며 외롭게 안타깝게

–권정생 시에 붙인 '너무 많이 슬프지 않았으면' 에서

가장 짧은 노래인 '까치' 는 딱 4마디고, 가장 긴 노래인 '너무 많이 슬프지 않았으면' 은 368마디나 된다. 57초 짜리 노래도 있고, 14분 14초 짜리 노래도 있다.

윤구병 샘의 그 고집불통이 없었다면 아마 이 노래상자들은 나오지 못했거나 아주 한참 뒤에나 나올 수 있었을 거다. 참 지독한 어른이다.

돌아보니 미운 사람은 고작 서넛인데 고마운 사람은 너무 많다.

아주 힘들 때도 그 어둠 한켠에 희망의 별 하나 떠 있다는 걸 가르쳐 준 사람들, 그리고 개들.

이 노래상자들이 과연 나올 수 있겠느냐고 하던 이들에게는 미안하다. 이렇게 아무 일 없었다는 듯 나오게 되어서 말이다. 그렇더라도 이 노래들을 좀 들어봐 주면 좋겠다. 울 아부지 말씀처럼 눈 녹으면 땅 드러날 날 있겠지만, 이 노래들만으로도 내가 무얼 꿈꾸는지 알테니까.

내 노래들 다 어디로 갈까.

나는 언제까지 이렇게 시랑 노래랑 함께 놀면서 재미있게 살 수 있을까.

추천하는 말

'참 맑은 물살' 같은 책

죽은 내 동무 김영무가 생전에 전화통에 대고 내질렀다.

"야, 구병아, 이 시펄넘아. 사람이 꼭 부지런할 의무만 있는 거냐? 게으를 권리도 있는 거지?"

나 그때 속으로 꿍얼거렸지.

'개새끼 지랄하고 자빠졌네. 새벽 이슬 털면서 논둑 밭둑 깎아 주지 않으면 소 먹이 줄 수 없고, 소 먹이지 않으면 밭 갈고 논 뒤집는 일 누가 해. 그리고, 잠깐 한눈 팔다가 풀꽃 피고, 풀씨 날리면 논이고 밭이고 온통 풀 세상 될 텐데. 야, 너 겉은 넘 있어서 다 농약 생기고 제초제 생기는 거야. 이 게을러터진 중생아.'

이제 영무 무덤에 제법 풀 무성하고 우리 텃밭 한켠도 쑥밭이 되었지.

오늘 새벽 쑥 우듬지 부드러운 걸 아주 잘 갈아서 부드럽게 베어지는 낫으로 한 마대 베어 효소를 담갔지. 그리고 아주 게으른 마음으로 백창우 글을 읽었지. 내가 게으름 피운 덕에 백창우 책이 줄잡아서 보름은 늦게 나오게 되겠지. 원고가 내 책상 위에서 삼칠 일을 뒹굴고 있었으니까.

군데군데 줄을 치면서 읽었지. 한 줄도 치고 두 줄도 치고, 가끔은 교정도 보고, 아껴 가면서 읽었지. 읽고 있는데 밤이면 소쩍새가 울었지. 꼭 이렇게 울었지. "옷 줘, 옷 줘." "젖 줘, 젖 줘." '소리 내 읽으면 그대로 노래가 되는 윤복진 동요'를 읽고 있을 때도 소쩍이가 울었지. 아마 그때는 새벽이었을걸. 그래서 백창우가 온 책에 도배를 해 놓은 그 많은 동요, 동시, 어른 시, 민요에 흠뻑 취한 김에 슬쩍 싯귀 하나 훔쳤지. 누구 걸 훔쳤는지 알아맞히면 눈깔사탕 하나 주지.

"저 산속에 소쩍이 새벽마다 옷 줘, 옷 줘. 저녁마다 젖 줘, 젖 줘. 엄마 잃은 소쩍이."

창우야, 여기도 곡 하나 붙여라. 내 입이 함지박만 해지게.

그래, 글쓰기 마을 무너미에는 이오덕 할배가, 안동 일직교회 옆 동화 마을에는 나이 일흔이 가깝도록 장가도 못 간 노총각 정생이 선생이, 또 서울 방배 아기 마을에는 마주이야기 아기할멈 박문희가, 굴렁쇠 노래 마을에는 애들 살리는 노래 집 짓느라 게으를 틈이 없는 백창우 아제가 살고 있구나. 이렇게 잘 살고들 있구나. 고맙구나.

백창우는 참 욕심 많은 넘이지. 간날갓적, 저 까마득한 옛날옛적 우리 할배 그 할배, 우리 할매 그 할매들 홀랑 벗고 놀던 어릴 적 노래부터 윤동주, 이원수, 권태응, 윤석중, 이오덕, 권정생, 임길택, 박문희, 이문구, 그 많은 할배, 할매, 아제들……. 그 밖에 많은 시심 지닌 그 많은 이들 유산을 고스란히 물려받아 그걸 죄다 노래로 바꾸었지. 아이들 노래로 바꾸어 노래 창고에 쌓아 놓았지. 천석꾼 부럽지 않은 알부자가 되었지. 떼부자가 되었지.

그런데도 게을러터져서 이제야 그동안 마음속에 감추고 있었던 이야기 쬐끔씩 털어놓아 책 하나 묶게 되었지. 지보다 낫살깨나 더 먹은 나하고 한 약속 십 년도 훨씬 더 뜸들이다 이제 겨우 세상에 내놓게 되었지. 읽으면서 그냥 마냥 좋았지. 어린 시절로 돌아가 버렸지. 읽다가 너무 좋으면 그 옆에 이것저것 끼적이기도 했지.

아가, 흙 속에서 잠자던 조그만 씨앗도 때가 되면 싹을 틔우고 날마다 점점 자라난단다. 비와 바람과 햇볕, 눈과 이슬과 달빛, 크고 작은 온갖 소리들을 들으면서 날마다 날마다 몸과 마음이 자라난단다. 어떤 씨앗은 한 포기 풀이 되고 어떤 씨앗은 한 그루 나무가 되어 저마다 크기가 다른 그늘을 만들고 저마다 빛깔과 향기가 다른 꽃을 피운단다. 아가, 너는 엄마의 사랑을 받고 크는 작은 씨앗이란다. 늘 네 곁에는 엄마가 있어. 네가 잘 자랄 수 있도록 엄마가 지켜 줄게.

이 구절을 읽고 당장 옆에다 이렇게 휘갈겼지.

'백창우한테 동화를 쓰게 할 것! 제목은 '나무'로.' (쯧쯧, 제 버릇 개 못 주지. 서른 해를 편집쟁이로 굴러먹었으니, 내 마음의 때 어디로 가겠나.)

잠이 잘 온다
어머니 곁에 누우면
세상이 아무리 시끄러워도
참 잠이 잘 온다
내 찬 손 꼬옥 잡아주실 땐
마음까지 따뜻해진다
어머니의 이야기는 꿈 속까지 따라와
내 고단한 잠을 어루만지고
갓 태어난 강아지처럼 나는
한 차례 깨지도 않고
잘 잔다

-백창우, '단잠'에서

'이 시에 곡 붙였나? 꼭 들어 보고 싶은디…….'

우리가 사는 세상, 우리 아이들이 살아갈 세상, 새 소리와 풀벌레 소리를 듣고 맑은 시냇물에 발을 담그고 나무와 함께 숨을 쉬는 그런 세상은 그냥 얻을 수 있는 것이 아니겠지요.

그래, 그래서 백창우는 싸움꾼이지. '사랑의 전사'인 거여. 김남주와 백창우는 둘이 아니여. 시방 백창우가 하는 짓 엄청난 거여. 수십, 수백만 아이들을 '사랑의 전사'로 기르는 터전을 마련하고 씨앗을 뿌리는 거여. 싸울 연장을 벼리는 대장간을 짓는 거여. 낫이나 쇠스랑은 살인 무기가 아니여. 사람 살리는 연장이여. 그렇지만 너무 못살게 볶아치면, 살다살다 그래도 살 수 없게 괴롭히는 것들이 있으면 가끔은 그 낫 들어 목을 칠 수도, 그 쇠스랑 들어 옆구리 찌를 수도 있는 거여.

영무야, 훤한 대명천지에서 죽어 사는 내가 무덤 속에서 살아 숨쉬는 너한테 이 말 한마디 들려주고 이 시답지 않은 넋두리 끝낼란다.

누구나 그렇겠지만, 살아 있는 건 무엇이나 마찬가지겠지만 강은 강의 삶이 있고 쏘가리는 쏘가리의 삶이 있지요. 이 세상에서 사람만이 소중한 존재인 건 아니지요. 자꾸 세상을 망가뜨리기만 하는 이놈의 '사람'들 때문에 야단났습니다.

풀도 나무도 강도 갯벌도 다 죽고 새도 물고기도 심지어는 지렁이까지 다 떠난 뒤, 그 적막한 땅에서 사람은 얼마나 잘 살 수 있을까요. 자연의 기운을 받지 못하고 사람이 사람답게 살 수 있을까요.

자연 환경과 마음 환경은 따로따로가 아니겠지요.

마음이 황폐해지면 자연도 황폐해지고 자연이 황폐해지면 사람의 마음도 황폐해지겠지요.

오늘 우리 마음이 '참 맑은 물살'처럼 조금은 맑아졌으면 좋겠습니다.

참 좋제? 세상에 이런 젊은이들 있다는 것이 참말로 좋제? 할배, 그 할배들, 할매, 그 할매들, 창우 노래로 죄다 되살아나듯이, 아이들 마음속에 되살아나 이 세상 바꾸는 힘이 되듯이, 너도 빨리 되살아나라.

영무야, 니 영전에도 이 책 하나 보내마. 나 이제 오랜만에 망설이지 않고 누구한테나 주고 싶은 책 하나 건졌다.

2003년 8월

변산 농부 윤구병